AF534704

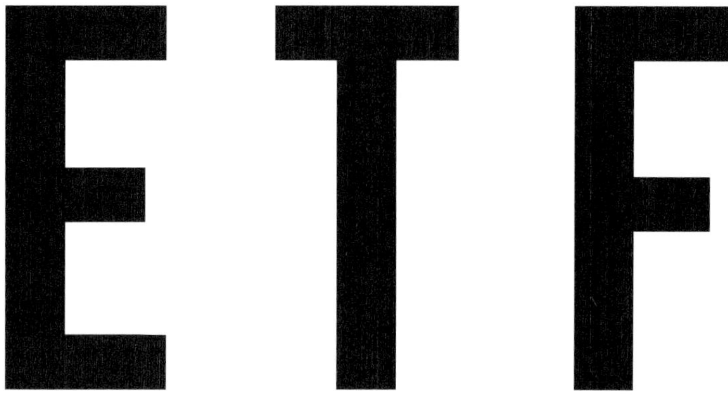

ETF FÜR EINSTEIGER

VERMÖGENSAUFBAU & PASSIVES EINKOMMEN DURCH DIVIDENDEN

Wie Sie in Indexfonds intelligent investieren und finanzielle Freiheit erlangen. Erfolgreich Geld verdienen an der Börse

INHALT

Einleitung

Was sind ETFs? Wozu sind sie gut? Wie können sie helfen, Ihr Kapital sicher anzulegen und Ihr Geld gleichzeitig zu vermehren? Die Jahre ziehen dahin. Ihre Zukunft ist in greifbarer Nähe, doch Sie wissen noch nicht so genau, was Sie mit ihr anstellen wollen? Sind Sie ratlos, wie Sie Ihr Geld bestmöglich anlegen können, um eine gesicherte Zukunft zu haben? In diesem Ratgeber stellen wir Ihnen eine relativ neue Anlageart vor, die in den letzten Jahren sehr an Beliebtheit gewonnen hat – ETFs oder besser gesagt Exchange Traded Funds. Bei Experten ist diese Anlageart sehr oft in der Kritik. Auch Fondsmanager pflegen einen gewissen Abstand zu dieser Anlageart.

Doch was macht diese Art der Geldanlage für Privatanleger so besonders? ETFs sind für alle Privatanleger eine perfekte Lösung, da sie eine einfache Investition des Kapitals ermöglichen. Ein ETF besteht aus einem Bündel aus Aktien – also einem Fonds. In diesem Bündel können aber auch Anleihen enthalten sein. Doch was ist der Unterscheid zwischen einem normalen Fonds und einem ETF? Ein ETF bildet lediglich die Wertentwicklung eines ihm zugrunde liegenden Index nach. Bei einem normalen, also aktiven Fonds entscheidet ein Fondsmanager, welche Aktien in den Fonds sollen. Aus diesem Grund ist die passiv gemanagte Geldanlage des ETFs auch so kostengünstig, da ein Fondsmanager wesentlich weniger eingreifen muss. Bei der aktiven Variante müssen Sie hingegen mit einem größeren Kostenanteil rechnen.

ETFs sind vielseitig und eignen sich für wirklich jeden Anleger. Alle Anleger können, wenn sie dazu bereit sind, an die Finanzmärkte gehen und die typischen Risiken eingehen. Das bedeutet: Auch ETF-Anleger müssen der Börse standhalten können. Sie müssen den ständigen Schwankungen gewachsen sein und keineswegs aus Panik Handel betreiben. Deshalb gilt für alle Neulinge an der Börse: Beginnen Sie mit niedrigen Beträgen und fangen Sie erst dann an, diese zu steigern. Nur so werden Sie sehen, ob Sie mit den Schwankungen zurechtkommen und ob Sie dem täglichen Wahnsinn der Börse gewachsen sind.

ETFs zu ordern, ist leicht, sodass auch Sie sofort loslegen können. Die Exchange Traded Funds sind in den letzten Jahren immer beliebter geworden. Zahlreiche Anleger sind von dieser völlig neuen Methode überzeugt und suchen nun nach den besten Möglichkeiten, ihr Geld sicher anzulegen. ETFs gelten als sehr kostengünstig und einfach. Sie sollen sogar durchschnittlich besser als aktiv gemanagte Fonds sein. ETFs bieten einem jedoch nicht nur viele neue Chancen, sie bringen auch viele Risiken mit sich und sorgen für ein paar Nachteile bei einigen Anlegern. In diesem Ratgeber werden wir Sie also ausführlich über ETFs aufklären. Was sind überhaupt ETFs? Wie funktionieren sie? Wie sind sie aufgebaut und was bringen sie wirklich? Außerdem bringen wir Ihnen ein paar grundlegende Informationen zum Thema Vermögensbildung näher und gehen auf die Anlagearten ein, die Sie besser vermeiden sollten.

Warum sollte man Geld anlegen, sparen oder investieren?

Viele Menschen sparen. Wenn Sie Geld für sich oder Ihre Liebsten zurücklegen, dann fühlen Sie sich einfach glücklicher und besser als die Menschen, die nicht sparen. Wer spart, der steht auf der sicheren Seite und hält sich neue Möglichkeiten bereit. In der heutigen Zeit hat sich das Konsumverhalten extrem verändert. Genau aus diesem Grund hat sich auch die Sparfähigkeit enorm verändert. Die Sparziele sind dementsprechend selbsterklärend. Die häufigsten Gründe, weshalb Menschen etwas zurücklegen wollen, sind die Altersvorsorge, die Anschaffung eines Fahrzeuges oder eines Hauses oder die Renovierung von Wohneigentum.

Die Frage ist jedoch, wie man für seine Zukunft vorsorgen will. Möchte man lieber sparen oder vielleicht doch besser anlegen? Sparen bedeutet, dass man sein überschüssiges Einkommen auf einem Girokonto sammelt. Wenn man jedoch sein Geld anlegen will, dann sucht man gezielt nach guten Verzinsungen für sein Kapital. Anleger schauen demnach immer, ob sie ihre Mittel längerfristig binden können. Will man zum Beispiel sein Geld in Aktien investieren und erzielt man die übliche Rendite von 6 %, dann hat man nach einigen Jahren seine Anlage verdoppelt.

Geldanlage ist ein sehr kompliziertes Thema. Wer allerdings auf einen übertriebenen Konsum verzichten will, der ist bereit, sein Geld für die Zukunft anzulegen. Es spielt übrigens gar keine Rolle, ob Sie sich über diverse Anschaffungen Gedanken machen, Sie für Ihre Kinder vorsorgen oder sich einfach nur im Alter absichern wollen. Wieso also nicht in ein

Unternehmen investieren, das Überschüsse erwirtschaftet? Geld anzulegen ist also gar nicht so schwer, wenn man einige Sachen beachtet. Jedoch kommen jedem zukünftigen Anleger einige Fragen in den Sinn, die er unbedingt vorher beantwortet haben möchte. Wie kann er sein angelegtes Kapital vermehren? Kann er jederzeit auf das Geld zugreifen, wenn er es benötigt? Natürlich gibt es viele unterschiedliche Anlagemöglichkeiten. Jede Form birgt ein paar Risiken, deswegen sollten Sie sich vorher gründlich über die einzelnen Möglichkeiten informieren.

WIE KANN MAN SEIN GELD AM BESTEN INVESTIEREN?

Es gibt viele Möglichkeiten, sein Geld anzulegen. Diverse Sparkassen und Banken bieten eine Vielzahl von Produkten an. Auch bieten Versicherungen und Bausparkassen einige Möglichkeiten an, sein Geld anzulegen. Das Angebot ist vielfältig. Einige versuchen, ihre Kunden vom Goldankauf zu überzeugen, während andere Vermittler ihren Kunden den Kauf eines Wohneigentums schmackhaft machen wollen. Es ist völlig egal, ob die Kunden das Wohneigentum für sich beanspruchen, vermieten oder etwas anderes damit machen. Einige Banken bieten sogar Investmentfonds, Aktien oder auch Wertpapiere an. Jedoch trauen sich nicht viele Menschen an diese Form der Geldanlage heran. Die Menschen denken in den meisten Fällen eher sicherheitsorientiert.

Deshalb entschließen sich viele dazu, Versicherungs- und Bausparverträge abzuschließen. Sie denken, dass sie mit diesen niedrig verzinsten Konten auf der sicheren Seite stehen. Natürlich werden Sie nicht darum herumkommen, einige Versicherungen abzuschließen, denn jeder benötigt hin und wieder einmal eine KFZ- oder eine Haftpflichtversicherung. Auch eine Berufsunfähigkeitsversicherung kann sehr nützlich sein. Diese Versicherungen sind jedoch ebenfalls nicht zu 100 % sicher, denn oft kommt es vor, dass auch sie nicht immer in die Schadensregulierung eintritt. Lesen Sie sich aus diesem Grund immer die jeweiligen Versicherungsbedingungen durch, denn oft enthalten sie einen Ausschluss- oder einen Minderungsgrund.

Noch schmalere Renditen kann man durch eine abgeschlossene Lebensversicherung bekommen. Benötigt man im Alter eine Reserve, dann eignet sich diese Anlage sehr gut. Möchten Sie jedoch Ihr Geld wachsen lassen, dann müssen Sie auch ein höheres Risiko eingehen. Eine mögliche Wertsteigerung geht demnach immer auch mit höheren Risiken einher. Viele Menschen erwarten eine hohe Rendite und erhoffen sich ebenso eine hohe Sicherheit. Schauen wir uns die Anlageprodukte doch einmal etwas genauer an. Gold sieht vielleicht sehr schön aus, allerdings wirft dieses Anlageprodukt keine Verzinsung ab. Gold unterliegt nämlich auffälligen Wertschwankungen.

Immobilien sind derzeit sehr beliebt. Die niedrigen Zinsen für Immobilienkredite hält die Immobilienbranche auf Trab. Seit ungefähr zehn Jahren erleben die Preise für diese Anlageobjekte einen extremen Aufschwung. Wird dieser Trend weiterhin fortgesetzt, dann würde die Nachfrage bei gleichbleibendem Angebot immer mehr steigen. Allerdings ist auch diese Form der Anlage nicht völlig risikofrei, denn sehr günstige Objekte gibt es nur in weniger attraktiven Gegenden. Natürlich können auch Wertverluste und ein möglicher Mietausfall zum Problem werden, ebenso wie Unwetterschäden, weitere Renovierungskosten und Mietnomaden. In diesem Fall kann Ihnen dieses Anlageobjekt sogar Negativ-Renditen einbringen. Im schlimmsten Fall können Sie den eigenen Kredit nicht mehr tilgen, sodass ein Verlust des Mietobjektes droht.

Eine andere Möglichkeit, sein Geld anzulegen, sind Wertpapiere. Oft verstehen die Menschen nicht das Prinzip dahinter oder ihnen liegen einfach zu wenige Informationen über diese Geldanlage vor. Dementsprechend vertrauen Menschen sehr selten auf diese Form der

Kapitalanlage. Natürlich sollten Sie mit dieser Art der Kapitalsicherung vorsichtig sein, denn Wertpapiere verbriefen nur die Rechte an Unternehmen. Nur mühsam gelingt einem eine ausreichende Beurteilung des Unternehmens, sodass viele Anleger sich oft an den Entscheidungen von Experten orientieren. Die Experten managen ihre Vorhaben und versprechen deshalb überdurchschnittliche Renditen. Natürlich lassen die Experten sich für ihr Wissen auch gut bezahlen.

Ein festverzinsliches Wertpapier verspricht über eine bestimmte Anzahl von Jahren sehr gute Konditionen. Am Ende dieser Zeit wird das Wertpapier entweder zum Nominalwert wieder zurückgezahlt oder es wird zuvor an der Börse zum aktuellen Kurs veräußert. Normalerweise ist die Rendite höher als die von Spargeldern bei Banken. Investieren Sie in solche Anleihen, kann es während der Laufzeit zu Kursschwankungen kommen.

Diese Kursveränderungen tragen zu den Veränderungen des Zinsniveaus und der Sicherheit zur Rückzahlung bei. Aktien sind noch schwankungsempfindlicher. Wenn Sie in Aktien investieren, sind Sie Miteigentümer eines Unternehmens. Das Unternehmen hat die Absicht, Einkommen zu erzielen, allerdings unterliegt das Einkommen den verschiedensten Einflüssen. Oft spielen die Politik, die Natur und auch die Gesellschaft eine sehr große Rolle beim Kauf von Aktien. Auch wenn die Insolvenz eines Unternehmens gar keine Rolle spielt, können die Aktienkurse deswegen fallen. In den Industrieländern sind diese Schwankungen eher von kleiner Bedeutung, da die Aktienkurse im Durchschnitt auf lange Sicht deutlich ansteigen.

Natürlich können Sie in sämtliche Objekte investieren, die an den Märkten gehandelt werden. Rohstoffe, Kunstgegenstände, Gold, Währungen oder auch Oldtimer lassen auf steigende Preise hoffen. Oft sind die Märkte jedoch unberechenbar und daher nicht zu empfehlen, weshalb Menschen diese Anlagen häufig zu unsicher sind und sie ihr Geld lieber anders anlegen wollen.

Wer wünscht sich keine sichere Zukunft? Möglicherweise will man auch einfach nur ein wenig Geld für die Enkelkinder zurücklegen, damit diese ihre Zukunft flexibel gestalten können. Wenn es ums Geldsparen geht, sind die Menschen meist sehr ideenreich. Jedoch ist die derzeitige Marktlage äußerst schwierig. Geld zu sparen war noch nie so kompliziert wie heute. Die Zinsen für ein normales Sparbuch sind nämlich zurzeit sehr niedrig. Auch fällt es den Menschen schwer, eine große Summe aufzubringen, damit sie sich eine Immobilie leisten können. Die Frage, „Wie soll man sein Geld am besten anlegen?“, ist daher gar nicht so leicht zu beantworten.

Welche Möglichkeiten sind wirklich sinnvoll? Wie können Sie denn nun Ihr Geld sicher anlegen? Die Aussicht, eine ordentliche Rendite durch Aktien zu erhalten, ist in der heutigen Zeit sehr geschrumpft. Viele Anleger haben in den letzten Jahren hohe Verluste einstecken müssen. Aufgrund des Absturzes der Telekom-Aktie und manchen anderen Aktien kam es zu sehr starken Kursveränderungen. Viele Anleger dachten, dass sie mit dieser Entscheidung für die Zukunft abgesichert sind. Jedoch ist genau das Gegenteil eingetreten, sodass viele kleine Anleger sich komplett vom Aktienmarkt entfernt haben. Deswegen ist das Thema Geldanlage ein sehr wichtiges Thema, welches man nie auf die leichte Schulter nehmen sollte. Suchen Sie nach einer Möglichkeit, die es Ihnen erlaubt, hohe Renditen zu erfahren und das Verlustrisiko so gering wie möglich zu halten.

Wenn Sie Ihr Geld anlegen wollen, dann müssen Sie vertrauen. Die Angebote der Banken erscheinen zunehmend unattraktiver, da diese Möglichkeiten immer mit niedrigen Zinsen verbunden sind. Die sicheren

Methoden wie das Sparbuch, das Tagesgeld oder das Festgeld nutzen zwar sehr viele Menschen, jedoch werden Sie mit diesen Methoden nicht besonders hohe Renditen einfahren. Oft werden deswegen auch Lebensversicherungen abgeschlossen. Sie sparen mit solch einer Versicherung indirekt für Ihr späteres Leben. Diese Methode bietet Ihnen und Ihrem Geld hohe Sicherheit. Mittlerweile sind die Banken sogar schon so dreist geworden, dass sie die Negativzinsen von den Kunden wieder verlangen, damit sie das Gesparte bei eben diesen Banken anlegen.

SIND AKTIEN WIRKLICH SINNVOLL?

Zum größten Teil sind Aktien eine sichere Angelegenheit. Viele Kleinanleger können in der heutigen Zeit viele Möglichkeiten nutzen, um zusätzliche Einnahmen zu erzielen. Immer mehr Personen überlegen, ihr Geld in Aktien zu investieren. Aufgrund der niedrigen Zinsen bei einem Sparbuch bietet es sich natürlich an, sich vollkommen auf den Aktienhandel zu konzentrieren. Alle Aktionäre haben irgendwann einmal klein angefangen. Starten Sie am besten mit einem günstigen Depot bei einem Broker. Der Broker hilft Ihnen, sichere Aktien zu suchen. Sie werden in diesem Fall zwar keine riesigen Gewinne einfahren, allerdings wird Ihre Aktie sehr wahrscheinlich keinen heftigen Kursveränderungen unterliegen.

Können Sie das Risiko gut abschätzen, dann sind Ihre Aktien eine sichere Anlage. Natürlich müssen Sie jederzeit Aktienanalysen durchführen, um immer auf dem Laufenden zu bleiben. Diese Analysen sind notwendig, damit Sie Ihr Geld sicher anlegen können. Natürlich müssen Sie auch die ständigen Weiterentwicklungen und Neuentdeckungen immer im Auge behalten. Fangen Sie mit kleinen Beträgen an, so werden Sie schnell feststellen, dass der Aktienhandel gar nicht so verkehrt ist, wie immer alle Laien behaupten.

WAS GIBT ES FÜR ALTERNATIVEN?

Ihnen stehen viele Alternativen zur Verfügung, um Ihr Geld sicher anzulegen. Neben dem Aktienhandel können Sie natürlich auch gerne in diverse Immobilien investieren. Allerdings setzt diese Anlage eine sehr hohe Summe voraus. Sinnvoll ist es dementsprechend, in Immobilien zu investieren, die in den letzten Jahren in ihrem Wert gestiegen sind. Zum Beispiel sind Häuser oder Wohnungen in Großstädten sehr beliebt. Häuser brauchen jedoch sehr viel Pflege, damit Sie unnötige Schäden und andere Vorkommnisse ausschließen können.

Auch können Immobilienfonds als Geldanlage genutzt werden. Oft werden in der Branche sehr gute Angebote für Neukunden beworben. Als vor einigen Jahren die Immobilienkrise ausbrach, hat diese Branche jedoch einen großen Einbruch erlitten. Viele Menschen mussten damals auf ihr Geld warten. Viele Anleger meiden deshalb diese Investition, da sie nicht sofort das Geld zurückbekommen, wenn sie es anfordern.

Suchen Sie nach einer sicheren Methode, Ihr Geld anzulegen, dann könnte sich ein Riester-Rentenvertrag lohnen. Falls Sie Kinder haben, erhalten Sie außerdem zusätzlich Zulagen zu Ihren Sparverträgen. Auch kann eine Riester-Rente die Steuerlast senken. Allerdings sollten Sie immer darauf achten, dass noch mehr staatlich geförderte Modelle bestehen. In diesem Fall spielen die betriebliche und die private Altersvorsorge ebenso eine sehr große Rolle. So können Sie ganz einfach zusätzliche Ansparungen einfahren.

Im Folgenden werden wir Ihnen eine übersichtliche Anleitung auflisten, damit Sie ohne Probleme für Ihre Zukunft vorsorgen können. Was bedeutet eigentlich Geld anlegen? Geld anlegen bedeutet, dass man sein Geld für die Zukunft investiert und anspart. Es gibt sehr viele Möglichkeiten, sein Geld anzulegen, allerdings ist nicht jede Methode die beste

Option für jeden Anleger. Oft treten Schwierigkeiten auf, die Sie aktiv bei Ihrem Handel stören können. Wichtig ist zum Beispiel, dass Sie möglichst jährlich Beträge investieren, die Sie in einem Notfall wieder ausgezahlt bekommen. Kommen Sie nicht jederzeit an Ihr Geld, dann ist das ein sehr schlechtes Merkmal. Achten Sie deshalb auf folgende Optionen:

GELD STREUEN

Wer sein Geld sicher anlegen will, der sollte sein Geld streuen, das heißt, Sie sollten Ihr Geld nicht nur in eine Anlageart legen. Legen Sie Wert auf die perfekte Kombination aus verschiedenen Geldanlagen. Investieren Sie in Aktien, zahlen Sie in Fonds ein oder kaufen Sie sich eine Immobilie, um möglichst hohe Renditen zu erwirtschaften.

DAS ZIEL

Welches Ziel verfolgen Sie, wenn Sie Ihr Geld anlegen? Wie viel Geld würden Sie gerne in zehn Jahren erwirtschaftet haben? Wer sich keine Ziele setzt, der kann nichts erreichen. Visieren Sie Ihr Ziel an und suchen Sie sich die beste Anlageart aus, um das zu erreichen, was Sie sich vorgenommen haben.

FILTERN SIE DIE ANGEBOTE

Viele Vergleichsportale bieten eine umfangreiche Erklärung zu den einzelnen Anlagearten. Vor- und Nachteile sowie zahlreiche Angebote werden miteinander verglichen, um dem zukünftigen Anleger eine kleine Übersicht zu verschaffen. Allerdings ist nicht jedes Angebot erstklassig und bietet das, was Sie sich vorgestellt haben. Filtern Sie deshalb die besten Angebote heraus, um Risiken zu vermeiden.

ACHTEN SIE AUF SICH

Fallen Sie nicht auf jedes Angebot herein. Tatsächlich werden oft genug Angebote verbreitet, die versprechen, dass Sie Ihr Geld ganz ohne Risiken anlegen können. Oft versprechen sie zudem eine schnelle Auszahlung und sehr hohe Renditen. Spätestens dann sollten Sie sich dieses Angebot genau anschauen, denn Sie können leider nicht davon ausgehen, dass Sie hohe Renditen bekommen und Sie dabei kein Risiko eingehen müssen. Nehmen Sie deswegen nur seriöse Angebote an.

BRAUCHEN SIE EINEN BERATER?

Nicht immer sind Finanzberater die beste Möglichkeit, das richtige Angebot zu finden. Wir wollen es ihnen nicht verübeln, aber die Finanzberater wollen meist ihre eigenen Angebote vertreiben. Dementsprechend achten die Berater nicht auf Ihr Vorhaben, sondern handeln nur im eigenen Interesse. Ergreifen Sie deshalb selbst die Initiative und versuchen Sie selbst, einzuschätzen, welches Angebot am besten zu Ihnen passt.

WIESO SOLLTE MAN GELD ANLEGEN?

Wenn junge Menschen ihre Ausbildung oder ihr Studium beginnen, wissen sie oft noch nicht, welchen Berufsweg sie am Ende wirklich gehen. Oft werden sie von den unzähligen Angeboten überlaufen. Deswegen fällt es den jungen Menschen selten leicht, einen passenden Berufszweig auszuwählen. Die Eltern raten ihren Kindern generell dazu, sich für einen Beruf zu entscheiden, der viel Geld einbringt. Doch leider ist das nicht immer die beste Lösung. Die Eltern interessieren sich in diesem Fall eher für die Zukunft der Kinder. Sie wollen, dass sich die Kinder Geld für die Zukunft zurücklegen. Doch nicht nur Kinder und Jugendliche sollten sich über eine passende Geldanlage Gedanken machen, alle anderen sollten das natürlich auch. Warum ist das Sparen so wichtig? Warum sollte sich jeder über eine geeignete Geldanlage informieren? Natürlich bemerken Sie im ersten Moment noch nichts von Ihrer Anlage, jedoch werden Sie nach einigen Jahren davon profitieren.

In den letzten Jahren ist die Zahl der Arbeitslosen in Deutschland extrem gesunken. Das bedeutet, dass viele Menschen sich selbst versorgen und ihre Zukunft aus eigenen Reserven absichern wollen. Geld anlegen ist sehr wichtig, denn auf diese Rücklage können Sie jederzeit zugreifen, wenn schlechte Zeiten in Sicht sind. Es kann immer einmal vorkommen, dass man seinen Job verliert oder andere schlimme Dinge passieren. Natürlich können auch schöne Dinge Geld kosten, wie zum Beispiel Kinder. Wenn Kinder in unser Leben treten, dann ist das oft mit vielen Kosten verbunden. Die Ausbildung, der Führerschein und möglicherweise diverse Spielsachen müssen bezahlt werden. Daher lohnt es sich, schon vorher mit dem Sparen anzufangen. Profitieren Sie schon früh von den Zinsen, die die verschiedenen Anlagearten mit sich bringen.

Geld anlegen heißt nicht, Geld für schlechte Zeiten zurückzulegen. Geld anlegen bedeutet, Geld zu empfangen, welches als Zusatz auf das eigene Kapital angerechnet wird. Schön wäre es natürlich für Sie, wenn Sie direkt hohe Renditen erwirtschaften würden, allerdings ist das oft mit einem gewissen Risiko verbunden. Neben Ihrem Kapital können Sie also nach einiger Zeit eine zusätzliche Rendite erwirtschaften. Der Aktienhandel ist als Anlageart besonders beliebt, da diese Methode eben sehr hohe Renditen abwirft.

Neben dem Aktienhandel gehören auch Sparbücher, Aktienfonds, Immobilienfonds und der Immobilienkauf zu den beliebtesten Anlagearten. Wussten Sie, dass der Abschluss einer Lebensversicherung besonders beliebt bei den Deutschen ist? Nach Ablauf einer gewissen Zeit bekommt der Anleger eine sehr hohe Endsumme.

WELCHE VORTEILE BIETET EINE GELDANLAGE?

Wenn man hohe Zinsen erwarten kann, dann ist man meistens mit der Geldanlageart zufrieden. So etwas wünschen wir uns. Jedoch sind nicht immer nur die Zinsen ein sehr großer Vorteil. Es gibt noch weitere Pluspunkte, die für Sie vermutlich sehr interessant sind. Eine Anlage kann Ihnen hohe Zinsen und eine relativ hohe Sicherheit bieten. Lassen Sie Ihr gespartes Geld bloß nicht einfach so auf Ihrem Konto. Die Verlockung ist einfach zu groß, dass Sie mal eben etwas Geld abheben. So verschwenden Sie Ihr Geld für unnötige Ausgaben. Vielmehr sollten Sie Ihr Geld investieren. So sichern Sie sich perfekt für Ihre Zukunft ab und können sich als Rentner in Ruhe zurücklehnen.

Geld anzulegen ist leider nicht immer leicht. Natürlich gibt es mehrere Optionen, sein Geld anzulegen, und auch verschiedene Handelsmethoden, um an der Börse den Überblick zu gewinnen, jedoch ist der Verlust trotzdem oft höher als anfangs geplant.

Wer längerfristig Geld zurücklegen will, der sollte schon früh damit anfangen. Viele Personen fangen deshalb mit dem Beginn einer festen Arbeitsstelle an. Auch die jungen Menschen sollten früh mit dem Sparen beginnen. Es wird daher empfohlen, direkt nach der Ausbildung oder nach dem Studium mit dem Sparen anzufangen. Oft wird ein monatlicher Betrag festgelegt, der bis zur Rente vom Konto abgezogen werden soll.

In letzter Zeit wird immer mehr spekuliert, ob es sich überhaupt lohnt, Geld für einen längeren Zeitraum anzulegen. Natürlich müssen auch hier wieder einige Bedingungen erfüllt sein. Wenn Sie zum Beispiel mit Aktien Ihr Geld langfristig anlegen wollen, dann benötigen Sie genügend Erfahrung, um dem Druck gewachsen zu sein. Viele Aktionäre verfolgen gar nicht das Ziel, Ihr Geld mithilfe von Aktien langfristig anzulegen. Sie brauchen äußerst viel Zeit und Erfahrung, um Erfolg zu haben.

Beantworten Sie sich am besten die folgenden Fragen, um zu erkennen, welche Anlageart für Sie infrage kommt:

Welches Ziel setzen Sie sich?
Was müssen Sie also langfristig beachten?
Welche Anlageart bevorzugen Sie?
Haben Sie schon einmal Erfahrung mit einer Anlageart gesammelt?
Wie viel Geld würden Sie gerne erwirtschaften?
Wie viel Geld wollen Sie anlegen?

Die Fragen müssen Sie natürlich für sich allein beantworten, denn dann erfahren Sie, wie lange Sie überhaupt Ihr Geld anlegen möchten. Ihre Ziele sollten Sie natürlich kennen und klar bestimmen können. Suchen Sie nach einer Anlageart, mit der nur eine geringe Geldsumme angespart werden soll, um möglicherweise ein Auto oder ein anderes Wirtschaftsgut zu kaufen? Oder wollen Sie für einen langen Zeitraum eine gewisse Geldsumme zurücklegen? Was bedeutet überhaupt langfristig? Wenn Sie Ihr Geld langfristig anlegen wollen, dann dürfen Sie mindestens fünf Jahre nicht an Ihr Geld. Die Anlageart arbeitet dann für Sie. Wichtig ist nur, dass zusätzlich Zinsen einfließen.

Brauchen Sie das angelegte Geld für irgendwelche Anschaffungen oder wollen Sie es lediglich für Notfälle anlegen? Planen Sie schon 30 Jahre voraus oder interessieren Sie sich ausschließlich für die nächsten paar Jahre? Kommt ein Handel mit Aktien für Sie in Frage, dann haben Sie jederzeit die Möglichkeit, sich Ihr Geld auszahlen zu lassen. Achten Sie jedoch auch auf die Verluste, die Ihnen der Handel mit Aktien einbringen kann. Sollten Sie schon einige Erfahrungen gesammelt haben, dann ist das schon ein sehr großer Vorteil. Sie selbst können dann vielleicht sogar einschätzen, welche Anlage für Ihr Vorhaben am meisten Sinn macht.

WIE SIEHT IHRE DERZEITIGE LEBENSSITUATION AUS?

Natürlich sollten Sie, wenn Sie an einer langfristigen Geldanlage interessiert sind, auch an Ihre derzeitige Lebenssituation denken. Haben Sie gerade Ihren Beruf gewechselt oder überlegen Sie, Ihren Job zu wechseln? Machen Sie zurzeit eine Fortbildung? Planen Sie gerade, Nachwuchs zu bekommen? Oder wollen Sie vielleicht sogar in ein anderes Land ziehen? Einige dieser Situationen veranlassen Sie dazu, emotional zu handeln. Einige Lebenssituationen schränken Sie zudem zeitlich extrem ein, sodass Ihnen gar keine Zeit mehr bleibt, mit Aktien zu handeln. Auch Stress kann ein entscheidender Faktor sein, der gewisse Anlagearten negativ beeinflusst. Planen Sie deshalb zuerst Ihr Leben, seien Sie sich Ihrer Situation bewusst und überlegen Sie dann, was Sie mit Ihrem Geld vorhaben.

WIE BEGINNT MAN AM BESTEN?

Wenn Sie am Anfang noch nicht allzu viel Kapital haben, dann sollten Sie klein anfangen. Wenn Sie in Wertpapiere investieren wollen, sollten Sie nicht Ihr geringes Kapital einsetzen. Beginnen Sie lieber mit einem Musterdepot. Mit diesem Musterdepot können Sie lernen, den Handel zu verstehen, ohne dabei Verluste einzufahren. Natürlich sind Sie nicht gezwungen, mit einem Musterdepot zu beginnen. Sie können mit Ihrem geringen Kapital selbstverständlich auch zu einem Broker gehen und dort mit dem Handel starten. Jedoch hätten Sie bei negativen Ergebnissen keinerlei Rücklagen mehr.

Aus diesem Grund müssen Sie Ihr ganzes Vorhaben besser planen. Nutzen Sie niemals Ihr komplettes Kapital für den Handel mit Aktien. Am Anfang wäre es sinnvoll, den Aktienhandel mit ungefähr 20 Prozent Ihres Kapitals zu beginnen. Setzen Sie sich nicht unter Druck, denn wer unter Druck handelt, der verliert oft den Überblick. Wenn Sie sich dazu entscheiden sollten, mit Aktien zu handeln, dann gehen Sie zudem immer von einem Komplettverlust aus. Finanzexperten raten dazu, Ihre Anlagen gut zu überdenken. Daher sollten Sie sich gar nicht erst in eine schwierige Situation bringen.

Was sind ETFs? (Warum sind sie so nützlich?)

Kommen wir nun zum eigentlichen Thema des Ratgebers – ETFs oder auch Exchange Traded Funds. Ein ETF ist ein börsengehandelter Indexfonds. Dieser zeigt die Wertentwicklung eines Index. Das kann zum Beispiel der DAX oder aber auch der Dow Jones Industrial Average sein. Im Großen und Ganzen beinhalten ETFs alle Vorteile der Aktien und Fonds. Am Anfang des Ratgebers haben wir Ihnen die verschiedenen Anlagearten vorgestellt und Ihnen nützliche Informationen zu den einzelnen Methoden gegeben. Nun wollen wir etwas genauer auf diese Möglichkeit eingehen. ETFs können Ihnen nämlich helfen, mit einem Wertpapier günstig in ganze Märkte zu investieren. Natürlich können Sie neben Aktien auch in andere Anlageklassen investieren. Genau deswegen sind ETFs die perfekte Grundlage für eine private Geldanlage. Mit ETFs können Sie nämlich zu jeder Zeit an der Börse handeln.

Bevor das Prinzip rund um das Thema ETFs genauer erklärt wird, sollten ein paar wichtige Begriffe erläutert werden. Wissen Sie, was ein Fonds ist? Sagt Ihnen ein Indexfonds etwas? Und was sind börsengehandelte Indexfonds? Diese Fragen können Sie nach dem folgenden Kapitel hoffentlich selbst beantworten.

Ein Fonds oder auch ein Investmentfonds ist sozusagen ein Auffangbecken für diverse Anlagegelder. Sehr einfach ausgedrückt bedeutet es, dass mehrere Anleger Ihr Geld zusammenlegen und einen Fondsmanager beauftragen, sich darum zu kümmern. Seine Aufgabe ist es dann, das Kapital möglichst ertragreich und breit gestreut mit einer vorher bestimmten Strategie zu investieren. Die Strategie oder besser gesagt die Anlagestrategie gibt dem Fondsmanager vor, in welche Anlageklassen er investieren darf. Die eigentliche Aufgabe des Fondsmanagers ist das Erzielen einer höheren Rendite durch den Erwerb und Verkauf von Investments. Dabei sollte der Manager eine wesentlich höhere Rendite erwirtschaften als die des Vergleichsindex.

Ein Indexfonds soll die Darstellung eines Index so exakt wie möglich angeben. Wenn Sie sich als Anleger für einen Indexfonds entscheiden, sind Sie jederzeit informiert, in was Sie investiert haben, denn jeder sollte die Zusammensetzung des zugrunde liegenden Index kennen. Schauen Sie sich doch einmal den DAX (der Deutsche Aktienindex) an. Dieser Index enthält die Aktien der größten Aktiengesellschaften. Sie benötigen – dank der Index-Nachbildung – bei ETFs und Investmentfonds keine zusätzlichen Analysen. Die Anbieter von ETFs erhalten übrigens aus diesem Grund nur eine sehr geringe Gebühr.

ETFs werden an der Börse gehandelt wie Aktien. Aus diesem Grund können Sie ETFs jederzeit erwerben und wieder verkaufen. Natürlich können Sie das nur während der Börsenöffnungszeiten machen. Normale Publikumsfonds werden hingegen nur einmal am Tag angeboten. Das passiert wiederum über die jeweilige Fondsgesellschaft. Wenn Sie mit solchen Publikumsfonds handeln, dann müssen Sie allerdings immer mit einem sehr hohen Ausgabeaufschlag rechnen. Wenn Sie jedoch die ETFs an der Börse kaufen und verkaufen, dann fallen normalerweise nur die Ordergebühren und möglicherweise eine kleine Differenz zwischen An- und Verkaufskurs an. Wenn Sie ein Kleinsparer sind, dann ist der Kauf und Verkauf von ETFs auch im Rahmen von ETF-Sparplänen möglich.

Warum ist der Begriff ETF nicht wirklich geläufig? Wenn Sie sich bei einer provisionsorientierten Bank über das Thema Geldanlage beraten lassen, dann werden Sie den Begriff ETF mit Sicherheit nicht hören, denn bei solchen Banken sind die ETFs nicht gern gesehene Produkte. Viele Bankberater bekommen beim Abschluss eines Vertrages eine Provision, bei der Vermittlung von ETFs jedoch nicht. Deshalb werden den Kunden des Finanzberaters diese Produkte nicht angeboten. Wenn Sie ETFs kaufen wollen, dann müssen Sie sich an einen bestimmten Honorarberater wenden.

Vielen Privatanlegern ist der Begriff ETF vollkommen fremd, Finanzexperten nutzen ETFs jedoch schon einige Jahre. Versicherungen und Pensionskassen nutzen die ETFs auch regelmäßig, dieses Produkt ist für sie ein absoluter Bestandteil in der Geldanlage. ETFs werden immer bekannter. Sollten Sie in der nächsten Zeit einmal Finanzzeitschriften lesen, dann wird Ihnen auffallen, dass sogar relativ oft über ETFs berichtet wird. Auch im Online-Bereich werden ETFs sehr oft genutzt. Jedoch sind ETFs nicht nur für die kurzfristigen Geschäfte von Vorteil, die Produkte eignen sich auch für Privatanleger, die ihr Geld langfristig zurücklegen wollen.

Was genau ist denn nun ein ETF? Exchange Traded Funds sind sozusagen Investmentfonds. Diese können ganz einfach über die Börse gekauft und wieder verkauft werden. In den USA sind die ETFs schon lange bekannt und beliebt. Der langjährige Erfolg in den USA hat ihnen die Tür in unser Land geöffnet. Zu unterscheiden sind die aktiv und die passiv gemanagten Fonds. Die passiven börsengehandelten Fonds formen die Wertentwicklung eines Basisindex, die aktiven Fonds sollen hingegen den Index schlagen. Der ETF-Markt hat mit nur zwei passiven Fonds begonnen, mittlerweile umfasst er ein Volumen von über 20 Milliarden Euro. Dabei kommt der ETF-Markt auf einen durchschnittlichen Tagesumsatz von ungefähr 200 Millionen Euro.

ETFs sind im Gegensatz zu Aktien sehr kostengünstig. Bei ETFs fallen nur die üblichen Handelsgebühren und die jährlichen

Verwaltungsgebühren an. Jedoch weisen ETFs noch mehr Vorteile auf. Die liquiden ETFs werden durchgehend gehandelt, wodurch der Einund Ausstieg jederzeit stattfinden kann. Natürlich können Sie am Tag auch mehrfach handeln, und das zu den vorher geläufigen Kursen. ETFs werden bei Sparern immer beliebter. Bisher haben Sparer auf der ganzen Welt schon über 4,2 Billionen Dollar in ETFs investiert. ETFs bilden den Wertpapierindex nach.

Erwirbt man ETFs, dann entwickelt sich der Wert einer Anlage genauso wie der Börsenindex. Betrachtet man die einzelnen Aktien der Unternehmen, dann wird man oft ein Auf und Ab feststellen, schaut man jedoch auf einen längeren Zeitraum, dann wachsen die Märkte der mächtigen Börsen trotzdem. Deshalb gilt diese Methode als äußerst sicher und kostenarm. Jedoch haben ETFs auch einen großen Nachteil, denn einige Anleger investieren über viele ETFs in Klimasünder, Waffenunternehmen oder in sonstige fragwürdige Unternehmen. Nicht jeder will so seine Altersvorsorge aufbauen. Jedoch wird mittlerweile ein Schwester-Index für den MSCI World angeboten, der die fragwürdigen Unternehmen nicht unterstützt. Soziale Aspekte werden also weitestgehend berücksichtigt.

Schritt für Schritt: So richten Sie Ihren ETF-Sparplan ein

Wenn Sie monatlich einen bestimmten Betrag einzahlen wollen, dann eignet sich ein Fonds-Sparplan. Sparpläne haben den Vorteil, dass man nicht sofort sein ganzes Geld investiert, sondern jeden Monat einen gewissen Betrag weglegt. Wie legt man jedoch einen ETF-Sparplan an? Welche Schritte müssen Sie gehen, um einen gut durchdachten Plan auf die Beine zu stellen? Einen Sparplan zu erstellen ist gar nicht so schwer, Sie werden schon sehen.

SCHRITT NR. 1

Natürlich benötigen Sie, um mit dem ETF-Sparplan zu beginnen, ein Konto oder einen Depotzugang. Online ist das ganz einfach möglich. Bei allen Depotbanken läuft das Einrichten eines Sparplanes eigentlich gleich ab. Wenn Sie mit Online-Überweisungen und Online-Banking schon einmal in Berührung gekommen sind, dann werden Sie feststellen, dass das Einrichten eines Sparplanes ebenso leicht funktioniert. Wie beginnt man nun am besten? Melden Sie sich zunächst bei Ihrem Online-Broker an. Wenn Sie sich ein Konto eingerichtet haben, dann landen Sie direkt in Ihrer Finanzübersicht. Dort haben Sie einen genauen Überblick über Ihre Konten und Depots.

SCHRITT NR. 2

Nachdem Sie sich einen kleinen Überblick verschafft haben, gehen Sie auf den Punkt Geldanlage. Unter diesem Punkt können Sie mehrere Posten wählen. In diesem Fall wollen Sie einen Wertpapiersparplan erstellen, klicken Sie deshalb auf diesen Posten. Natürlich haben Sie noch keine Sparpläne, deshalb ist Ihre Übersicht leer. Bei den meisten Online-

Brokern leuchtet dann ein Button auf, der darauf verweist, dass Sie Ihren Sparplan „HIER“ einrichten können.

SCHRITT NR. 3

Im nächsten Schritt werden Sie ein wenig ausgefragt. Wie viel Geld wollen Sie regelmäßig sparen? Oder haben Sie vielleicht gar keine feste Rate eingeplant? Diese und noch weitere Fragen müssen Sie in diesem Schritt beantworten.

SCHRITT NR. 4

In diesem Schritt dürfen Sie die ETFs benennen, die Sie anlegen wollen. Unter diesem Punkt können Sie zwar nach einigen ETFs suchen, allerdings ist es wesentlich einfacher und auch genauer, wenn Sie das schon im Vorfeld erledigen. Im sogenannten ETF-Selektor können Sie sogar nach Ihren Interessen filtern und sehen, wie die ETFs reagieren.

SCHRITT NR. 5

Nachdem Sie sich für Ihre ETFs entschieden haben, müssen Sie Ihre Sparrate nur noch auf die ETFs aufteilen. Wenn Sie vorher eine bestimmte Sparrate angegeben haben, dann wird diese in den meisten Fällen automatisch aufgeteilt. Jedoch können Sie diese Aufteilung jederzeit anpassen. Nach einiger Zeit können Sie die Sparrate übrigens auch noch erhöhen, niedriger stellen oder sogar komplett aussetzen. Die Sparrate können Sie also Ihrer persönlichen Situation anpassen.

SCHRITT NR. 6

In diesem Schritt müssen Sie nun die wirklich wichtigen Daten auswählen. Zuerst müssen Sie sich für Ihren Sparplan einen Namen ausdenken. Unter diesem Punkt können Sie Ihrer Kreativität natürlich freien Lauf lassen. Dann müssen Sie den Kaufzyklus Ihres Sparplans bestimmen. Hier können Sie ein monatliches oder ein zweimonatliches Intervall wählen, Sie können sich aber auch für ein Kaufintervall entscheiden, das quartalsweise abläuft. Wenn Sie sich für mehrere ETFs entschieden haben, dann ist es tatsächlich sinnvoll, den Kauftag über den Monat auszubreiten. Orientieren Sie sich am besten an Ihrem Gehalt. Wann geht es auf Ihrem Konto ein? Wenn Sie wirklich sehr viel Geld sparen wollen, dann sollten Sie zudem Ihr Geld vor allen anderen Ausgaben in Ihren Sparplan geben. Verfallen Sie nicht dem unnötigen Konsum. Ab wann genau soll der Sparplan laufen? Wie lange soll der Zeitraum sein, in dem Sie sparen wollen? Legen Sie deshalb einen Tag fest, an dem der Sparplan losgeht, sowie einen Zeitpunkt, an dem er enden soll. Wenn Sie sich nicht sicher sind, wann genau das Ende sein soll, dann können Sie das Feld natürlich auch offenlassen.

SCHRITT NR. 7

Nachdem Sie alle Felder sorgfältig ausgefüllt haben, sollten Sie alle wichtigen Details noch einmal überprüfen. Haben Sie wirklich alles richtig angegeben? Auch sollten Sie sich die genauen Kosteninformationen noch einmal anschauen. Alle Kosten werden Ihnen ganz genau angezeigt, da ein 5-Jahres-Plan perfekt simuliert wird. Haben Sie alles überprüft, dann können Sie den Sparplan freigeben.

Was steckt überhaupt hinter einem solchen Sparplan? Wie Sie bereits wissen, handelt es sich bei dem Erwerb um einen Fonds. Dieser Fonds bildet die Wertentwicklung vieler Aktien in einem Aktienindex ab. Sie legen Ihr Geld also nicht direkt nur in eine Aktie an, sondern Sie investieren in eine ganze Reihe von Aktien. Mit diesem nun angelegten ETF-Sparplan können Sie jeden Monat einen kleinen Geldbetrag ansparen. Viele Experten empfehlen nur eine langfristige Geldanlage in ETFs. Langfristig bedeutet in diesem Sinne, dass Sie Ihr Geld erst einmal nicht brauchen werden. Vermögenswirksame Leistungen wären eine gute

Lösung. Bei den vermögenswirksamen Leistungen überweist Ihr Arbeitgeber Ihnen einen Betrag, bis zu 40 Euro sind hier üblich, damit Sie ihn auf ein Sparkonto anlegen können. Experten empfehlen jedoch, einen monatlichen Betrag von 50 Euro in einen Aktienfonds einzuzahlen und diesen langfristig anzulegen. Für ein solches Sparvorhaben sind ETFs natürlich äußerst passend. Ein ETF beinhaltet also viele unterschiedliche Branchen und Regionen, sodass Gewinne und Verluste aus einer Branche durch die andere Branche wieder ausgeglichen werden können.

SO FUNKTIONIERT EIN ETF-SPARPLAN

Nachdem Sie sich also ein Depot bei einem Broker eröffnet haben, werden Ihre Fondsanteile in diesem Depot sehr gut verstaut. Auch Änderungen Ihres Plans können Sie jederzeit vornehmen. Die Schritt-für-Schritt-Anleitung hat Ihnen dabei hoffentlich geholfen, die ersten Versuche zu unternehmen. Fakt ist, dass Sie mit einem ETF-Sparplan regelmäßig einen festen Betrag investieren können. Wenn Sie ein ETF über die Börse kaufen, dann müssen Sie gleich ganze Anteile erwerben. Wenn Sie sich jedoch einen Sparplan anlegen, dann erhalten Sie erst kleine Anteile eines ETFs.

Sie fragen sich die ganze Zeit, was ein ETF-Sparplan kostet? Bei einem solchen Sparplan können auf verschiedene Weise Kosten anfallen. Wenn Sie die Fondsebene betrachten, dann müssen Sie die laufenden Verwaltungskosten bezahlen, die für das Management des ETFs anfallen. Wie hoch diese Gebühren sind, können Sie in der Kostenquote nachschauen. Jedoch kann man sagen, dass ETFs eine sehr kostengünstige Anlageart darstellen. Einen sehr günstigen MSCI World-ETF erhalten Sie zum Beispiel schon für nur 0,15 Prozent an Kosten pro Jahr. Auch die Verwahrung eines ETFs kostet Geld. Deswegen können für diesen Vorgang Depotgebühren entstehen. Bei vielen Online-Anbietern wird diese Leistung jedoch auch kostenfrei angeboten. Wenn Sie sich also online nach einem Broker umschauen, dann brauchen Sie für diesen Prozess keine Kosten einplanen.

Wenn Sie den ETF-Sparplan regelmäßig nutzen, dann können weitere Gebühren anfallen. Viele Online-Broker bieten spezielle Leistungen an, sodass in diesem Fall oft Ordergebühren hinzukommen können. Die meisten Broker bieten dann zum Beispiel 500 ETFs kostenfrei an, ohne eine Kaufgebühr zu verlangen. Jedes Jahr wechseln sie dann ihr Angebot und tauschen dementsprechend auch die ETFs aus.

Für wen ist eigentlich ein ETF-Sparplan geeignet? Nicht jeder Anleger hat so viel Geld, dass er sich ein ETF leisten kann. Deswegen bieten viele Banken an, ein Depot zu eröffnen, sodass verschiedene Summen für ETFs eingezahlt werden können. Wenn Sie sich nun für einen Sparplan entscheiden sollten, dann können Sie bereits geringe Beträge jeden Monat einzahlen. Wenn sich der Kurs des ETFs sehr gut entwickelt, sind sehr hohe Erträge möglich. Mit einer Rate von 50 Euro bieten die meisten Depotbanken einen ETF-Sparplan an. Natürlich kann die Rate immer an Ihre persönlichen Lebensumstände angepasst werden. Auch können Sie einmal pausieren, wenn Sie nicht in der Lage sind, Ihre monatliche Rate zu bezahlen. Haben Sie Ihren Job verloren? Haben Sie gerade familiäre Probleme? Oder müssen Sie irgendwelche wichtigen Reparaturen bezahlen? Diese Situationen können durchaus schon einmal eintreten. Wenn Sie wieder mehr Geld zur Verfügung haben, dann können Sie die Raten wieder aufnehmen.

Natürlich investieren Sie immer nach Gewichtung des jeweiligen Index. Ein Anleger setzt mit seinem Geld also auf den Markt. Es gibt viele verschiedene Märkte, in die Sie investieren können. Wenn Sie in sogenannte Schwellenländer investieren wollen, dann sollten Sie sich auf sehr viele Schwankungen gefasst machen. Wenn Sie die Absicht haben, Ihr Kapital langfristig anzulegen, dann wählen Sie lieber einen Index, der risikoarm ist. Aus diesem Grund investieren Sie lieber in den Markt der Industrienationen. Die Gefahren kann man auf diesem Markt schon relativ früh erkennen und die Aktien sind größtenteils fair bewertet. Je nachdem, wie sich eine Nation entwickelt, können die Kurse steigen und fallen, somit auch der ETF. Das Risiko eines ETFs ist also immer auf das Risiko des Marktes zurückzuführen. Sicher sind deshalb auch immer Indizes, die schon über Jahre hinweg bestehen und stetig steigen.

WARUM IST EIN SPARPLAN NUN EINE GUTE IDEE?

Wenn Sie Kapital breit streuen, dann wird das Risiko gesenkt. Das Risiko bezieht sich nicht nur auf den zugrunde liegenden Index, sondern auch auf den Zeitpunkt des Einstiegs. Langfristige Investitionen sind eigentlich immer eine gute Idee, allerdings sind einige Sachen existent, die es zu beachten gilt. Wenn Sie nämlich direkt vor einer Kurskorrektur einsteigen, müssen Sie meistens sehr lange warten, bis das Depot wieder im Plus ist. Damit Sie das vermeiden, sollten Sie regelmäßig investieren. Den richtigen Einstiegspunkt zu finden, ist nicht einfach, selbst Profis scheitern oft genug daran. Mit einem Sparplan können Sie hingegen ganz entspannt jeden Monat eine gewisse Summe einzahlen oder Sie wählen eine Zahlung pro Quartal. Wenn Sie sich für diesen Weg entscheiden, dann wird das Risiko, den falschen Einstiegspunkt zu finden, deutlich geschmälert. Zudem kann ein Sparplan dazu animieren, regelmäßig einen gewissen Betrag zurückzulegen.

Prinzipien erfolgreicher Vermögensbildung

Werden alle Grundsätze der Kapitalmarktforschung beachtet, dann wird für Sie die Vermögensbildung wesentlich lohnenswerter. Oft wird das Geld einfach nur so verpulvert, sodass das Geld bei den falschen Menschen ankommt. Die Finanzindustrie bekommt oft einen Großteil des Geldes, den eigentlich wir Sparer bekommen sollten. Anleger, die mit Ihrem Wissen punkten können und die versuchen, dieses Dilemma zu vermeiden, erwirtschaften viel höhere Einnahmen.

Auf Dauer können Sie sich dann natürlich auch über einen größeren Vermögensbestand freuen. Aus diesem Grund sollten Sie sich mit den wichtigsten Informationen rund um das Thema Vermögensbildung auseinandersetzen. Versuchen Sie, alle wissenschaftlichen Regeln zu kennen, und lernen Sie die passenden Anlagezusammensetzungen. Wenn Sie sich in diesem Wissensbereich noch nicht sicher fühlen, dann können Sie sich natürlich auch mit einem Finanzberater austauschen. Dieser bringt Ihnen vermutlich auch die Risikowahrnehmung etwas näher. Nachdem Sie Ihr Wissen auf einen geeigneten Stand gebracht haben, können Sie sich auf Dauer als Investor mit dem gewissen Know-how wohlfühlen.

Sobald Sie sich etwas Wissen angeeignet haben, hat das zudem den Vorteil, dass Sie in der Zukunft sinnvolle und unsinnige Sparangebote voneinander unterscheiden können. Auf nachteilige Angebote können Sie mit Ihrer Grundkompetenz nicht mehr hereinfallen. Sie können mit Ihrem neu gewonnenen Wissen schnell erkennen, wann genau sich die Anleger zu diversen Investments verleiten lassen, damit die Anbieter die größten Einnahmen erzielen.

An der Deutschen Börse sind tausende Wertpapiere gelistet. Wie soll man da das richtige Wertpapier auswählen? Welche Wertpapiere passen besonders gut in das Portfolio? Passen die jeweiligen Investitionen überhaupt zu meinen persönlichen Anlagezielen? Machen Sie sich mit den grundlegenden Zusammenhängen vertraut, auch wenn Sie Ihre Pläne an einen Vermögensverwalter abgeben. Schließlich wissen Sie ohne nützliches Know-how gar nicht, ob Ihr auserwählter Vermögensverwalter wirklich mit der Finanzwelt vertraut ist. Überprüfen Sie deshalb genau, wem Sie Ihr erspartes Kapital anvertrauen. Im Folgenden sind ein paar Grundsätze aufgelistet, die Ihnen in der Finanzwelt helfen können.

DIVERSIFIKATION

Diversifikation beschreibt die Anlage des Geldes auf viele verschiedene Wertpapiere. Mit diesem Prinzip können eventuelle Verluste leicht ausgeglichen werden. Steigt der Kurs bei einem Wertpapier, dann hat man Gewinn gemacht. Sinkt der Kurs bei einem anderen Wertpapier, entstehen Verluste. In diesem Fall sollten Sie Ihre Wertpapiere gut aussuchen. Suchen Sie sich Aktien, die verschiedene Ziele verfolgen, um Ihre möglichen Verluste ausgleichen zu können.

RISIKO UND RENDITE

Eine Regel im Geschäft mit Aktien und Wertpapieren lautet: Je höher das Risiko, das man eingeht, desto mehr Rendite erwirtschaftet man. Bezieht man diesen Spruch auf einen längeren Zeitraum, dann ist er meistens sogar zutreffend. Wieso sollte man sonst in eine risikoreiche Anlage investieren, wenn man keinen höheren Gewinn in Aussicht hat? Doch wie bestimmt man überhaupt das Risiko eines Investments? Oft wird das Risiko nach der Schwankung eines Kurses bestimmt. Finanzexperten reden von der Volatilität. Ein Investment, welches ein hohes Risiko mit sich bringt, sollte auf Dauer also auch mehr Rendite einbringen. Ein risikoarmes Investment dagegen bringt entsprechend eher weniger Rendite ein. Jedoch gibt es ein paar Probleme mit diesem Prinzip, zum Beispiel schwankt das Risiko auch im Zeitablauf. Das Risiko kann dementsprechend sehr stark ansteigen, wenn das Marktrisiko im Allgemeinen angestiegen ist. Der Zusammenhang von Risiko und Rendite gilt wirklich nur langfristig. Sollte das Risiko beim Kauf einer Aktie nur für einen kurzen Zeitraum ansteigen, dann wird die Rendite normalerweise nicht wirklich hoch ausfallen. Oft tritt nämlich genau das Gegenteil ein. Seien Sie sich deshalb immer vorher im Klaren darüber, wie viel Risiko Sie im Endeffekt tolerieren können.

GEBÜHREN

Bevor Sie nun in ETFs investieren, sollten Sie sich gut über die anfallenden Gebühren informieren. Die Gebühren sind nämlich für den langfristigen Erfolg einer Geldanlage ein entscheidendes Thema. Doch wie sehen Gebühren in diesem Bereich aus? Es gibt zum Beispiel die normalen Transaktionsgebühren, die Depotbankgebühren und die Handelsspesen. Es gibt noch sehr viele andere Gebühren, die eventuell anfallen können. Die Gebühren sollen natürlich möglichst niedrig ausfallen. Je kleiner die zusätzlichen Kosten sind, desto höher fällt logischerweise auch die Rendite aus. Die Gebühren sollten daher nicht mehr als 1 % des zurückgelegten Geldes betragen. Bei sehr teuren Fonds können die Gebühren auch schon einmal 3 % des angelegten Kapitals betragen. Wenn Sie zu solchen Fonds tendieren, dann müssen Sie allerdings auch schon mehr als 3 % Rendite pro Jahr einnehmen.

ANLAGEKLASSEN

Wenn Sie sich nicht gerade für ETFs entschieden haben, müssen Sie sich im Klaren darüber sein, welche andere Anlageklasse infrage kommt. Die üblichen Anlageklassen sind Aktien, Immobilien, Rohstoffe oder auch Bargeld. Alle Anlageklassen werden unterschiedlich behandelt, besonders das Risikoprofil und die Renditechance sind zum Teil sehr verschieden. Wichtig zu wissen ist jedoch, dass sich die Anlageklassen oft in einem charakteristischen Muster zueinander bewegen. Sie können dementsprechend parallel steigen und auch wieder fallen. Auch kommt es vor, dass sie sich eher gegensätzlich bewegen. Einige Anlageklassen sind jedoch kaum voneinander abhängig. Aus diesem Grund sollten Sie die verschiedenen Anlageklassen gut kennen, damit Sie in manchen Situationen besser urteilen können. Geldmarktfonds, Staatsanleihen und Unternehmensanleihen gelten als die Anlageklassen, die ein geringes Risiko aufweisen.

Dagegen weisen Aktien und Rohstoffe ein relativ hohes Risiko auf. Immobilien werden als Anlage oft unterschätzt und mit einem sehr geringen Risiko eingestuft. Doch es kommt immer darauf an, wie Sie investieren wollen. Wollen Sie Ihr Geld in Ihre eigenen vier Wände oder lieber in Immobilienaktien investieren? Diese Risikoprofile weichen natürlich extrem voneinander ab. Allerdings lohnt es sich auch teilweise, ein höheres Risiko einzugehen, da Aktien normalerweise über einen längeren Zeitraum mehr Rendite abwerfen.

RISIKOTOLERANZ

Wieso wollen Sie Ihr Geld investieren? Wollen Sie sich später ein Haus kaufen? Wollen Sie Ihren Kindern eine vernünftige Zukunft bieten? Möchten Sie Ihr Geld zurücklegen, um sich einen angenehmen Ruhestand zu sichern? Was haben Sie mit Ihrem gesparten Geld vor? Ihr Vorhaben ist entscheidend, damit Ihr Risiko beim Investieren angemessen ausfällt. Natürlich müssen Sie auch immer Ihr derzeitiges Einkommen bei dieser Entscheidung berücksichtigen. Neben dem geregelten Einkommen kommt es auch auf die Börsenerfahrung und die Fähigkeit an, gewisse Situationen richtig einschätzen zu können. Wer auf lange Sicht mehr Risiko eingeht, der kann normalerweise auch mehr Rendite erwarten. Jedoch sollte man sich trotzdem immer im Klaren darüber sein, wie viel Risiko man wirklich eingehen will. Wenn Sie keine riskanten Käufe tätigen, dann schränken Sie natürlich auch Ihre Renditechancen stark ein. Riskieren Sie jedoch zu viel, kann es sein, dass Sie sich zu viel zumuten und aus der Geldanlage frühzeitig aussteigen müssen. Wer zu früh aussteigt, der bleibt oft auf Verlusten sitzen. Mittlerweile gibt es viele nützliche Tools, die feststellen, welches Risiko für Ihre ausgewählte Anlage angemessen ist.

ZINSESZINS

Der Zinseszins hat eine sehr starke Wirkung, denn er sorgt dafür, dass die erwirtschaftete Rendite in der Zukunft wieder eine Rendite abwirft. Das hat zur Folge, dass das eigentlich angelegte Kapital immer geringer wird. Wer das erreichen will, muss die erarbeiteten Renditen und Zinsen jedoch investiert lassen. Hält man an diesem Prinzip fest, dann kann man mit einem starken Vermögenszuwachs rechnen.

INFLATION

Vermutlich wissen Sie bereits, was Inflation bedeutet. Inflation ist der prozentuale Anstieg des Preises für alltägliche Dienstleistungen und Güter. Die meisten Menschen ignorieren die Inflation jedoch gekonnt. Eine Inflation tut Ihrem Gesparten nicht gut, denn sie frisst Ihre Anlage regelrecht auf. Wenn Sie Geld zu einem Zinssatz unter der Inflationsrate anlegen, verlieren Sie an Kaufkraft. In Deutschland lag der Zinssatz in den letzten Jahren sehr oft im negativen Bereich, wenn man die Absicht hatte, kurzfristig Geld anzulegen.

AKTIVE UND PASSIVE GELDANLAGE – WAS IST DER UNTERSCHIED?

Aktive Geldanlagen versprechen oft ein sehr hohes Renditepotenzial. Oft versucht der Fondsmanager also, den Vergleichsindex zu übersteigen, zum Beispiel den DAX oder auch den globalen MSCI World. Allerdings wird das für den Anleger ein sehr teures Vergnügen, denn ein Fondsmanager verlangt sehr viel für seine Tätigkeiten.

Die passiven Fonds sind natürlich genau das Gegenteil von aktiven Fonds. Die passiven Fonds versuchen nicht, den Vergleichsindex zu übersteigen, sondern kopieren ihn lediglich. Wieso der passive Fonds nur versucht, den Index zu kopieren? Damit man die Performance ungefähr nachvollziehen kann. In diesem Fall kümmert sich kein überteuerter Fondsmanager um die Aktien.

FONDS

Ein Fonds ist für die Bündelung des Geldes mehrerer Investitionen verantwortlich. Dabei wird das Geld in viele Einzelteile gesteckt, wie zum Beispiel Aktien oder andere Anleihen. Anleger, die kein großes Kapital vorweisen, können ihre geringen Summen trotzdem in ein breit gefächertes Portfolio anlegen. Es gibt mehrere Arten von Fonds, denn nicht alle Fonds werden zum Beispiel gleich verwaltet. Die klassischen Fonds, wie die Investmentfonds und die ETFs, investieren für die Sparer in ausgewählte Anlageklassen, Sektoren und Regionen. Das Volumen der Fonds wird in die jeweiligen Anteile aufgespalten, die dann von den Sparern gehalten werden. ETFs werden häufig als passive Geldanlage behandelt, es gibt aber auch aktive Positionen. Die normalen Fonds werden zudem nicht an der Börse gehandelt, sondern direkt über die Fondsgesellschaft. Deswegen sind sie dementsprechend weniger liquide als ETFs. ETFs werden hingegen an der Börse notiert. Die Hedgefonds sind eine besondere Form der Fonds. Sie richten sich eher an

Pensionskassen, aber auch an Versicherungen. Privatanleger kommen eher selten zu solchen Fonds.

STEUERN UND STAATLICHE FÖRDERUNG

Anleger können sich auf steuerliche Vergünstigungen und staatlich geförderte Anlageprodukte freuen. Die deutsche Regierung will damit die langfristige Geldanlage am Kapitalmarkt vorantreiben. Wenn Sie Steuern sparen wollen, dann sollten Sie zunächst auf den Sparerpauschbetrag zurückgreifen. Sie können einfach einen Freistellungsauftrag an Ihre Bank oder an Ihren Vermögensverwalter schicken, so müssen Sie auf Kapitalerträge bis zu einer Höhe von 801 Euro für Singles und 1.602 Euro für Paare keine Steuern zahlen. Wenn Sie keinen Freistellungsauftrag eingereicht haben, können Sie sich die gezahlte Steuer auf Kapitalerträge durch Ihre Einkommensteuererklärung zurückholen. Sicherlich haben Sie auch schon einmal von der Riester- und Rürup-Rente oder allgemein von der betrieblichen Altersvorsorge gehört. Diese Renten werden tatsächlich auch staatlich gefördert und sind fachlich so komplex, dass man sie kaum in nur einem Satz erklären kann. Auch wenn das ganze Thema Rente ziemlich kompliziert ist, sollten Sie sich trotzdem ausgiebig damit beschäftigen.

Eine Kapitalanlage ist immer mit einem gewissen Risiko verbunden. Seien Sie sich deshalb stets darüber bewusst, dass Sie Ihr ganzes Vermögen zu jeder Zeit verlieren können. Auch Wertentwicklungen und diverse Prognosen sind nicht immer zuverlässig.

Aktives und passives Investieren

Sie fragen sich, ob das aktive oder das passive Investieren besser zu Ihnen passt? Fakt ist, dass die meisten Fonds auf Dauer nicht in der Lage sind, den allgemeinen Markt zu schlagen. Wir beziehen uns jetzt nur auf die Rendite und die Kosten der Fonds. Während man bei einem aktiven Fonds mit festen Gebühren rechnen kann, sind die Kosten bei passiven Fonds eher gering. Teilweise fallen die Kosten bei aktiven Produkten sogar noch höher aus, wenn man sehr erfolgreich gehandelt hat. ETFs sind dagegen sehr günstig. Oft werden die Fonds viel zu groß und zu breit angelegt. Daher kann es sein, dass ein aktiv gemanagter Fonds zu einem sehr großen Teil einen Index abbildet, der dann aber auch in manchen Bereichen von diesem abweicht, um das aktive Produkt zu rechtfertigen. Viele Fonds werden aufgrund ihrer Größe also semi-aktiv gemanagt. Aus diesem Grund ist eine Definition aktiv und passiv gemanagter Fonds sehr schwierig, denn die Unterschiede sind teilweise sehr gravierend.

VORTEILE VON ETFS

ETFs werden in der Regel passiv gemanagt und nicht aktiv betrieben. Es wird also ein bestimmter Index nachgestellt, dementsprechend gibt es ETFs auf Währungen, Aktien, Immobilien oder auf andere Produkte. Wenn Sie sich für ETFs entscheiden sollten, können Sie mit sehr geringen Kosten rechnen. Zudem bieten sie den Zugang zu vielen Anlagemöglichkeiten. Noch vor ein paar Jahren war es Privatanlegern gar nicht möglich, ETFs zu betreiben, lediglich große Investoren konnten die Vielfalt der ETFs nutzen. In der heutigen Zeit ist es mittlerweile jedem möglich, weltweit Aktien, Anleihen oder Rohstoffe zu bedienen. ETFs sind sehr liquide. Große und auch kleine Anleger können dementsprechend in ETFs investieren. Wozu dienen ETFs noch? ETFs können zur kurzfristigen Absicherung, zur Spekulation oder aber auch für eine langfristige Anlage eingesetzt werden. Nicht umsonst sind ETFs in den letzten Jahren immer beliebter geworden und machen mittlerweile einen großen Anteil des Kapitals aus.

NACHTEILE VON ETFS

Ein großer Nachteil von ETFs ist, dass man nur Gewinne auf Marktniveau erhalten kann, genauso wie das Risiko. Anleger erhalten also nur die übliche Rendite und das passende Marktrisiko. Wenn Sie mehr Risiko eingehen wollen, um mehr Rendite zu erhalten, dann sollten Sie das aktive Management wählen. Das bedeutet zwar wesentlich mehr Arbeit und auch die Gewinnerzielung ist nicht wirklich leicht, allerdings werden die etwas höheren Kosten dadurch auf jeden Fall gerechtfertigt. Die Anleger bekommen so die Möglichkeit, ein anderes Chance-Risiko-Profil zu erhalten, Sie müssen sich also nicht mehr nach dem Gesamtmarkt richten. Das heißt, dass ein aktives Management in diesem Fall eine bessere Lösung ist, da gute Werte erzielt werden können. Das Chance-Risiko-Profil ist beim passiven Management für den Investor also eher negativ ausgelegt. Achten Sie daher nicht unbedingt darauf, ob aktiv gemanagte Produkte höhere Kosten mit sich bringen, denn gute Produkte sind der wahre Schlüsselfaktor. Gute Fonds erfordern ein wenig Recherche, denn nicht überall sind sie leicht zu finden.

WIESO SOLLTEN MEHR ANLEGER AKTIV INVESTIEREN?

Wenn die Märkte funktionieren, dann funktionieren auch die Börsen. Aktive Investoren sorgen also für Angebot und Nachfrage an der Börse. Werden genügend Produkte angeboten und ist die Nachfrage für ein Produkt vorhanden, kommt es zu einer fairen Preisbildung. Das aktive Management spielt auf dem Markt eine sehr wichtige Rolle und sorgt ebenso dafür, dass eine faire Preisbildung zustande kommt. Beim aktiven Management sucht man am Markt nach neuen Ansätzen, wobei alle aktiven Manager meist verschiedene Ansichten haben. Der Markt wird dadurch liquide.

Unternehmen sind erst durch gut laufende Märkte sinnvoll an der Börse gelistet. Diese nutzen sie in den meisten Fällen als Finanzierungsplattform, um sich Kapital zu besorgen. Der Markt bewegt das Kapital eher zu gut dastehenden Unternehmen. Weniger gute Unternehmen erhalten dementsprechend auch weniger oder sogar gar kein Kapital. Die schlechten Unternehmen scheiden dann logischerweise auch irgendwann aus dem Markt aus. Manche Finanzexperten sprechen immer wieder davon, dass das aktive Investieren ein wichtiges Element des wachsenden Wohlstandes ist.

Wollen Sie eher passiv investieren, dann läuft das oft ohne Qualitätsprüfung ab. Das wiederum sorgt für unsichere Märkte, da das Kapital nicht sicher bereitgestellt werden kann. Wenn Sie zum Beispiel Ihr Kapital in einen Index-ETF investieren, dann wird das lediglich nach Gewichtung des Index geschehen. Das heißt, dass jede Aktie des Index also mit dem gleichen Betrag angelegt wird. Wenn Sie dieses Vorhaben aus Sicht eines aktiven Managements betrachten, machen solche Investitionen gar keinen Sinn. Es gibt einfach keinen Grund dafür, den gleichen Geldbetrag in eine gute und in eine schlechte Aktie zu investieren. Auch macht es keinen Sinn, dass man überhaupt Geld in eine schlechte Aktie investiert.

Wenn man passiv investiert, werden viele Unternehmen einheitlich bewertet, und das führt zu einer gewissen Ineffizienz an den Kapitalmärkten. Dementsprechend kann es sein, dass passive Investitionen in der Zukunft von einigen Schwankungen überrascht werden. Wie Sie nun wissen, werden die Unternehmen beim passiven Investieren gleichgeschaltet, was jedoch nicht wirklich sinnvoll ist.

Auch wenn es für die meisten Personen durchaus sinnvoll ist, ihr Geld in irgendeiner Art und Weise an der Börse zu hinterlegen, haben die meisten Anleger ganz andere Vorstellungen und müssen dementsprechend anders handeln. Dabei kommt es immer auf das Alter, das Kapital, die Familienumstände und auch auf den Gesundheitszustand an. Aufgrund dieser Kriterien können die Anforderungen an die Geldanlage stark auseinandergehen. Während manche Personen mit einer kleinen Rendite und einem sehr geringen Risiko im Jahr auskommen, gehen andere Anleger ein sehr hohes Risiko ein, um eben eine hohe Rendite zu erwirtschaften. Das passive Management kann diesen Anforderungen nur schwer gerecht werden. Jedes Vorhaben benötigt also eine andere Lösung. Wenn Sie eine hohe Rendite bekommen wollen, müssen Sie ein gewisses Risiko eingehen. Deshalb sollten Sie aktiv gemanagte Fonds suchen, die es über einen langen Zeitraum geschafft haben, den Gesamtmarkt zu schlagen.

Nicht immer schaffen es aktiv gemanagte Fonds, den allgemeinen Markt zu schlagen. Eine Sache sollte Ihnen deshalb klar sein: Wo Gewinner zu finden sind, gibt es auch Verlierer. Als Anleger sollten Sie sich deshalb immer genau über die Fonds informieren, vor allem dahingehend, ob sie dauerhaft Gewinne einbringen konnten. Eine erfolgreiche Investition kommt nicht von allein, dabei spielt es keine Rolle, ob Sie aktiv oder passiv investieren.

WAS BEDEUTET AKTIVES FONDSMANAGEMENT?

Wie wir Ihnen bereits erläutert haben, gibt es aktive und passive Investmentfonds. Der Fondsmanager entscheidet bei aktiven Investmentfonds über die Investitionen auf dem Aktienmarkt. Fondsmanager suchen sich die Aktien jedoch keineswegs unwillkürlich heraus, hinter jeder Auswahl steckt eine ausgearbeitete Strategie. Es spielt dabei keine Rolle, ob es sich um einen Aktienfonds, einen Anleihenfonds oder einen

Mischfonds handelt. Im Allgemeinen ist der Manager überzeugt davon, mithilfe seiner ausgearbeiteten Strategie und mit seinen auserwählten Aktien auf Dauer besser abzuschneiden als der Markt selbst. Der Fondsmanager versucht also, eine Überrendite zu erwirtschaften. Um dieses Ziel jedoch zu erreichen, muss er sehr viel Geduld und Zeit investieren. Nicht umsonst bekommt ein Fondsmanager für seine Tätigkeit eine relativ hohe Gebühr.

WAS IST BESSER? AKTIV ODER PASSIV?

Einige wissenschaftliche Studien haben bewiesen, dass aktive Investitionen auf Dauer den Gesamtmarkt nicht überbieten können. Hauptgrund sind eigentlich die anfallenden Gebühren. Neben einer einmaligen Gebühr kommen auch noch jährliche Gebühren hinzu. Damit man die Gebühren irgendwie wieder ausgleichen kann, müssen sich die aktiven Fonds überdurchschnittlich gut entwickeln. Nur so kann die Marktrendite überschritten werden. Jedoch kann man tatsächlich nicht sagen, dass die aktiven Manager immer die besten Aktien heraussuchen. Selbst die aktiven Fondsmanager orientieren sich nämlich oft an einem Index, sodass sich die jeweilige Anlagestrategie kaum von passiven Investitionen unterscheidet. Aus diesem Grund konnten sich ETFs Jahr für Jahr steigern.

Aktuelle Studien besagen, dass passive Investitionen auch diverse Vorteile zu bieten haben. Dabei wurden die Nischenmärkte sowie alle Fonds, die aufgrund schlechter Wertentwicklung liquidiert werden mussten, ganz genau untersucht. Die Forscher gingen davon aus, dass die aktiv gemanagten Fonds wesentlich besser abschneiden müssten. Doch in den effizienten Märkten entwickelten sich die passiven Fonds besser als Vergleichs-Portfolios.

Aktiv gemanagte Investmentfonds erwirtschaften aufgrund ihres Risikomanagements eine relativ hohe Rendite. Während die aktiven Fondsmanager die Verluste bei fallenden Märkten verringern können, müssen Sie bei ETFs und Indexfonds den drohenden Verlust hinnehmen. Das ist jedoch nicht ganz richtig, wenn man dieses Prinzip über einen längeren Zeitraum betrachtet. Die Überrendite nimmt sogar mit der Länge des Untersuchungszeitraumes zu.

Ein Portfolio ist normalerweise die perfekte Kombination aus verschiedenen Anlagetechniken. Schauen Sie sich jetzt einmal Portfolios an, die zwei oder mehrere Fonds aufweisen. Wie wäre es, wenn die Portfolios mehrere Aktienfonds beinhalten würden? Oder betrachten Sie gerne einmal Portfolios mit mehreren Rentenfonds. Einige Untersuchungen haben ergeben, dass das Endergebnis für die Manager selbst negativer ausfiel, wenn mehr Fonds mit aktivem Management in den besagten Portfolios enthalten waren. Fakt ist: Wenn zwei oder mehrere aktiv gemanagte Fonds pro Anlagemöglichkeit im Portfolio enthalten sind, ist die Wahrscheinlichkeit höher, dass die Rendite höher ist als der im Voraus definierte Vergleichsindex. Ein Portfolio aus Indexfonds ist also sehr schwer zu überbieten. Sie müssen nur noch einen leichten und kostengünstigen Weg finden, den Sie gehen können.

Die Kosten einer passiven Geldanlage betragen pro Jahr rund 0,49 % vom investierten Kapital. Die Kosten sind somit deutlich geringer als die der aktiven Geldanlage. Diese Ausgaben betragen um die 2,26 %. Es gibt genügend Untersuchungen, die sich mit investierbaren und verfügbaren Investmentfonds beschäftigen.

Wie funktionieren ETFs?

ETFs haben eigentlich eine sehr leichte Aufgabe. Sie müssen die Wertentwicklung des Marktes möglichst genau nachbilden. Schauen wir uns die ETFs anhand eines Beispiels an. Stellen Sie sich vor, Sie wollen in den deutschen Aktienmarkt investieren, wie würden Sie vorgehen? Wenn Sie schon ein wenig Ahnung vom Aktienmarkt haben und Ihnen die wichtigsten Begriffe geläufig sind, dann können Sie theoretisch selbst ein Unternehmen auswählen und die dazugehörigen Aktien erwerben. Wissen Sie zufällig, wie viele Aktien es ungefähr in Deutschland gibt? Es gibt ungefähr 1000 Aktien, die an der Börse notiert sind. Sollten Sie jedoch auf die Idee kommen, nur in eine Aktie zu investieren, dann gehen Sie ein sehr hohes Risiko ein.

Stellen Sie sich vor, diese eine Aktie würde ganz plötzlich abstürzen und sich als totale Niete erweisen. Gehen Sie lieber weniger Risiko ein und verteilen Sie Ihr Kapital breit gestreut. ETFs sind genau die richtige Wahl und somit eine sehr sichere Anlagemöglichkeit, da sie sich auf eine breit gefächerte Auswahl beziehen. ETFs beziehen sich meistens nur auf einen Index. Der bekannteste Index ist mit Sicherheit der DAX. Dieser Index enthält die 30 größten Aktiengesellschaften Deutschlands.

Der Index kann sich mit der Zeit ein wenig verändern. Einige Aktien verlieren nämlich an Wert und andere Aktien gewinnen an Wert. Da der DAX jedoch nur die 30 größten Aktiengesellschaften umfassen darf, prüft ein Gremium in regelmäßigen Abständen, ob die derzeitigen Gesellschaften die Kriterien immer noch erfüllen. Der DAX besteht schon seit 1988. Nur 15 Aktiengesellschaften haben es bis heute geschafft, sich im Index zu halten. Die anderen Gesellschaften haben einen heftigen Auf- und Abstieg erfahren, sodass sie aus dem DAX verschwinden mussten.

Die Wertentwicklung des DAX muss ein ETF nun genau nachahmen. Es gibt mehrere Möglichkeiten, wie man das erreichen kann. Theoretisch kauft ein ETF genau die Aktien ein, die auch im DAX enthalten sind. Sehr große Aktien haben logischerweise auch ein größeres Gewicht. Die Deutsche Telekom ist zum Beispiel eine überaus große Aktiengesellschaft. Der ETF muss nun also ein genaues Ebenbild des DAX erschaffen, sodass die Entwicklung der einzelnen Werte genau nachempfunden werden kann. Fällt nun eine Aktie weg, muss auch der ETF diese Aktie ausschließen. In der Regel muss ein ETF alle drei Monate einen Wandel vornehmen, denn dann entscheidet das Gremium meist über einen neuen Ab- oder Aufsteiger. Da der ETF nur alle drei Monate eine Veränderung durchzieht, fallen nur sehr geringe Verwaltungskosten an.

Man versucht also, den Index für andere Anleger leichter handelbar zu machen. ETFs werden also passiv gemanagt, wodurch sie niedrige Kosten haben. Seit dem Jahr 2000 kann man sein Kapital auch in Deutschland in die börsengehandelten Indexfonds anlegen. Seit diesem Jahr ist das Volumen der ETFs ständig in die Höhe gegangen. Das verwaltete Vermögen und die Anzahl der ETFs sind dabei stetig gewachsen. Doch nicht nur die Anzahl und das Vermögen haben sich gesteigert, sondern auch die Vielfalt der Produkte hat sich weiterentwickelt. Außerdem muss es sich nicht immer um einen Aktienindex handeln, denn es gibt auch Indizes im Rohstoff-, Devisen- oder auch im Rentenbereich. All diese Bereiche können die Grundlage für einen ETF sein.

Mit dem Kauf eines ETFs bekommt man als Anleger direkt ein Paket von Aktien oder Wertpapieren in nur einem einzigen Produkt. So können auch Börsenanfänger ganz leicht am Markt handeln. Da nicht nur in eine einzige Aktie investiert wird, ist die Risikostreuung sehr stark. Außerdem weisen ETFs eine einfache Handelbarkeit auf, da sie in der gesamten Börsenhandelszeit erworben und verkauft werden können.

Wussten Sie, dass das in ETFs eingezahlte Kapital auch als Sondervermögen bezeichnet wird? Doch was bedeutet das genau? Im Falle einer Insolvenz der Fondsgesellschaft können Sie keinen Totalverlust machen. Das ist nicht nur sehr praktisch, sondern auch ein großer Vorteil gegenüber den anderen Wertpapierarten. Bei Zertifikaten wird das Kapital zum Beispiel nicht als Sondervermögen behandelt.

ETFs sind besonders für private Anleger geeignet. Zum einen benötigen Sie nicht besonders viel Hintergrundwissen, dadurch sparen Sie sich einige Stunden an Recherche. Sie müssen sich also nicht genauer über bestimmte Aktien informieren, sondern sich nur über die Chancen und Risiken erkundigen. Wenn Sie an ausländischen Märkten interessiert sind, dann kann die Recherche schon einmal etwas aufwendiger sein. Wollen Sie in ein ETF investieren, brauchen Sie sich zum anderen keine Gedanken über die Abwicklungs- und Währungsmodalitäten der einzelnen Aktien zu machen. Wenn Sie sich immer am Index orientieren, können Ihnen die einfachen Anfängerfehler nicht passieren. Sie werden also nicht zur falschen Zeit verkaufen oder sich nur auf eine Aktie konzentrieren.

Bei einem ETF investieren Sie nicht direkt in eine Aktie, Sie arbeiten stattdessen für die Entwicklung mehrerer Aktien. Beim DAX sind es zum Beispiel 30 große Unternehmen, in die Sie investieren können. Ein DAX-ETF stellt also die Entwicklung dieser 30 verschiedenen Aktien nach. Aus den 30 verschiedenen Kursen der Unternehmen ergibt sich ein Kurs für den DAX. Betrachtet man den Kurs des DAX, dann erfährt man, wie sich die Kurse der größten Aktiengesellschaften entwickelt haben. Allerdings können Sie nicht sehen, welche Aktie genau zu dem DAX-Gewinn oder -Verlust beigetragen hat. Wenn Sie jedoch beobachten können, dass der DAX steigt, dann wurden mehr Aktien erworben als abgegeben. Betrachten Sie nun ein ETF, kopiert dieser die Entwicklung des DAX-Kurses und Sie können ebenso die Kursentwicklung der einzelnen Aktien erkennen. Der Wert des ETFs entwickelt sich also genauso wie der DAX.

Wenn zum Beispiel der DAX um ein paar Prozente ansteigt und Sie Geld in einen DAX-ETF investiert haben, dann ist der DAX-ETF ebenfalls um diese Prozentzahl gestiegen. Da ein ETF die Kurse mehrerer Unternehmen zeigt, ist auch das Risiko breit gefächert, denn wenn ein Unternehmen einmal nicht so erfolgreich ist und der Kurs auf Berg- und Talfahrt geht, dann werden Sie davon nicht so viel merken, da Ihr ETF mehrere Aktien umfasst. Die Unternehmen, die Gewinne eingefahren haben, können dann den Verlust des anderen Unternehmens ausgleichen.

Haben Sie sich nun einen ETF-Sparplan erstellt, können Sie versuchen, monatlich etwas Kapital anzusparen. Einige Experten raten sogar dazu, sein Geld nur langfristig in ETFs zu investieren. Wenn Sie das Geld in absehbarer Zeit also nicht brauchen, sollten Sie es in ETFs anlegen. Dabei spielt es keine Rolle, wie viel Sie investieren. Schon 50 Euro im Monat können eine Menge bewirken. ETFs sind sehr einfach zu koordinieren. Anleger bekommen über ETFs einen ganzen Schwung von Wertpapieren, sodass über den ganzen Markt ganz unkompliziert gehandelt werden kann.

Risiko

ETFs haben sehr viele Vorteile. Besonders für private Anleger sind ETFs lohnenswert. Allerdings ist keine Produktklasse völlig ohne Nachteile. So weisen auch ETFs ein paar Punkte auf, die für den Anleger nicht von Vorteil sind. Überlegen Sie nun also, in ETFs zu investieren, dann schauen Sie ganz genau hin. Denn auch bei diesen anscheinend sehr günstigen Produkten ist nicht alles so einfach, wie es auf den ersten Blick erscheint.

Was müssen Sie also beachten? Bei Swap-ETFs entsteht ein Kontrahentenrisiko, sodass der ETF darauf angewiesen ist, dass der Swap-Partner seinen Aufgaben nachkommt. Der ETF bleibt jedoch auf Forderungen sitzen, falls die Bank insolvent werden sollte. Das hat zur Folge, dass die Anleger das Geld nicht mehr zurückbekommen. Wieso das beim Swap der Fall ist? Der Swap ist nicht Teil des Sondervermögens.

Allerdings gibt es einige Begrenzungen, da der Swap höchstens zehn Prozent des Fondsvermögens betragen darf. Einige ETF-Anbieter legen dementsprechend sehr viel Wert darauf, dass der tatsächliche Wert immer unter der Zehn-Prozent-Grenze liegt. Die ETF-Anbieter treffen grundsätzlich Regelungen, um das Risiko zu minimieren. Die jeweiligen Swap-Partner sollen sich deshalb verpflichten, Sicherheiten zu hinterlegen, die den eigentlichen Wert des Swaps übersteigen. Diese Sicherheiten sind jedoch oft nicht im Verkaufsprospekt aufgelistet. Wenn Sie nun an diesem Produkt interessiert sind, sollten Sie sich nicht voll auf diese Garantien verlassen. Einige ETF-Anbieter setzen deshalb auf Verträge mit Banken, damit Sie immer abgesichert sind, falls ein Vertragspartner ausfällt.

WIE HOCH SIND DIE KOSTEN BEI SWAP-ETFS?

Was ein weiteres Problem bei Swap-ETFs darstellt? Die meisten Anleger können die aufgelisteten Kosten der Swaps nicht wirklich nachvollziehen. Die Swap-ETFs werden nicht an der Börse gehandelt, sondern bloß zwischen zwei Personen, die diesen Handel vertraglich festlegen. Swap-ETFs werden meist von sehr großen Bankkonzernen angeboten. Diese Bankkonzerne schließen die Verträge mit den Mutterkonzernen ab, sodass oft sehr hohe Gebühren anfallen. Anstatt über diese Gebühren aufzuklären, versuchen die Bankkonzerne, den Anlegern die Vorteile der Swap-ETFs näherzubringen. Sie stellen gekonnt die komplizierten Indizes in einer leicht verständlichen Abbildung dar und legen viel Wert auf die Kostenersparnisse. Die negativen Punkte sollen Sie keineswegs davon abhalten, sich auf die Swap-ETFs einzulassen, nur sollten Sie immer wissen, in was Sie Ihr Geld investieren.

WAS SIND PHYSISCH REPLIZIERENDE ETFS?

Physisch replizierende ETFs halten die in einem Index enthaltenen Wertpapiere auch im Fondsvermögen. Jedoch haben auch diese ETFs ihre Schwächen. Viele Gesellschaften halten sich offen, die Wertpapiere in Besitz des Fonds zu verleihen. Eventuell sind sie Spekulanten, die auf einen Tiefgang der Aktie hoffen und auch darauf gewettet haben. Die Aktie wird dann leer verkauft. Bevor Sie eine Aktie vom ETF leihen können, müssen Sie erst eine bestimmte Gebühr an den Fonds abführen. Die Anleger können durch die Wertpapierleihe einen netten Nebenverdienst erwirtschaften. Das scheint auf den ersten Blick erst einmal sehr positiv. Die Rendite Ihres Investments wird ja schließlich aufgebessert. Doch auch das bringt ein paar Probleme mit sich. Die zusätzlichen Renditen bringen natürlich auch ein höheres Risiko mit sich. Auch die Leihgebühr stellt eine Minderung des Risikos dar, denn die Wertpapiere werden aus der Hand gegeben. Was passiert jedoch, wenn Sie zahlungsunfähig werden? Der ETF bekommt die Wertpapiere sehr wahrscheinlich nicht zurück. Ein sicherer Schutz lässt sich auch durch gewisse Sicherheiten nicht ganz gewährleisten.

Allerdings ist die Tatsache, dass die Anleger das gesamte Risiko der Wertpapierleihgeschäfte übernehmen müssen, noch ein viel größeres Problem, denn von den Erträgen sehen sie nur einen sehr geringen Teil. Meistens halten die ETF-Anbieter in den Verträgen fest, dass mindestens 50 Prozent der Gewinne an sie selbst gehen. ETFs an sich sind also eine sehr interessante Möglichkeit, jedoch haben sie auch ihre Schwächen. ETFs haben gegenüber aktiv gemanagten Fonds sehr viele Vorteile. Doch auch die eben beschriebenen Nachteile sollten Sie in Ihre Entscheidung einfließen lassen. Im direkten Vergleich sind ETFs jedoch immer noch mehr zu empfehlen als die aktiv gemanagten Fonds.

ENGPÄSSE HINSICHTLICH DER LIQUIDITÄT

Mithilfe von ETFs ist der Handel von komplizierten Anlageklassen wesentlich leichter geworden. Der Markt hat sich so sehr weiterentwickelt, dass er schon fast von allein handelt. Die Fonds sind flüssiger geworden als die enthaltenen Wertpapiere. Experten sind sich über die Entwicklung des Marktes uneinig. Einige behaupten, ETFs würden die Krisen bei weniger flüssigen Anlagen dämpfen. Andere sind hingegen der Meinung, dass im Krisenfall nur noch mehr Ausschläge drohen würden. Fakt ist: Bei nicht liquiden Anlagen sollten Anleger mit Bedacht vorgehen. Sollte der Kurs abstürzen, könnte auch die Liquidität sehr schnell verschwinden oder der Preis könnte vom eigentlichen Wert der Wertpapiere stark abweichen. Oft droht dann sogar ein Handelsverbot, da eine zu große Abweichung entsteht, und es findet kein Handeln mehr statt.

MARKETINGFALLEN

Insgesamt gibt es nur fünf große Firmen, die auf dem ETF-Markt vertreten sind. Der Wettbewerb bei normalen Produkten ist sehr einseitig und hart, sodass neue ETF-Anbieter immer wieder neue Innovationen bieten wollen. Auf dem üblichen Markt entstehen jeden Tag neue ETFs, allerdings können sich nicht alle halten und somit verschwinden sie auch schnell wieder. Wenn Sie sich nicht sicher sind, in welche ETFs Sie investieren wollen, dann greifen Sie lieber zu den handelsüblichen Produkten und versuchen Sie, die neuen Produkte zu umgehen.

Im Index findet man die größten Unternehmen. Wenn der Kurs ansteigt, wird auch die Gewichtung des Unternehmens stärker. Seit der letzten Finanzkrise klettern die Aktienmärkte durchgehend – zwar mit kleinen Unterbrechungen, aber seit fast neun Jahren stetig. Viele Neuanleger haben aus diesem Grund nur positive Erfahrungen mit ETFs gemacht. Spätestens in der nächsten Krise werden die Anleger merken, wie schwer dieser Markt überhaupt ist. Auch die Funktionsweise der ETFs wird erst mit der nächsten Krise richtig untersucht. Wenn Sie die nächste Krise in Ihre Anlage einplanen und eine Strategie entwickeln, brauchen Sie in der nächsten Krise nicht panisch reagieren, denn Sie haben rechtzeitig ein Konzept entwickelt, wie man im schlimmsten Fall mit hohen Kursverlusten umzugehen hat.

ETF-Mythen

Wir haben für Sie zehn Mythen herausgesucht, die wir uns ein wenig genauer anschauen wollen. Oft werden auf diversen Veranstaltungen und in Leserbriefen Antworten zu sehr komplexen Sachverhalten geliefert. Wir schauen uns die wichtigsten Fakten an und bringen Ihnen das Thema ETF etwas näher. ETF wird teilweise auch nur mit den Worten einfach, transparent und flexibel beschrieben. Allerdings gibt es trotz der einfachen Vorgehensweise einige Dinge, die es zu beachten gilt. Schauen wir uns diese zehn Mythen einmal an:

MYTHOS NR. 1

Einige Experten behaupten, dass ETFs einige Steuervorteile mit sich bringen würden. Sie sollen sogar mehr bieten als andere Kapitalanlagen. Allerdings trifft diese Aussage nicht ganz zu, da die Zinsen, Dividenden und Veräußerungsgewinne der ETFs ebenso mit 25 Prozent versteuert werden. Auch werden die Erträge der anderen Kapitalanlagen mit 25 Prozent versteuert. Sie sehen also, dass es keinerlei Unterschiede bezüglich der Besteuerung gibt. Falls Sie jedoch ein Anleger sind, der einen sehr niedrigen persönlichen Steuersatz hat, dann können Sie die zu viel gezahlte Steuer mit Abgabe Ihrer Einkommensteuererklärung wieder zurückholen.

MYTHOS NR. 2

ETFs sind nur dann sinnvoll, wenn Sie langfristig Kapital anlegen wollen. ETFs eignen sich für die Buy-and-hold-Strategie besonders gut, da sie sehr günstig und transparent die Indizes kopieren. ETFs können jedoch noch wesentlich mehr, sodass sie auch für die kurzfristigen Ziele sehr gut geeignet sind. Wenn Sie Ihr Kapital kurzfristig anlegen wollen, dann haben Sie die Chance, mit Short-ETFs zum Beispiel auf einen Marktrückgang zu setzen. Auch können Sie mit manchen ETFs überproportional an der Entwicklung teilnehmen. ETFs werden aktiv gehandelt, das spiegelt auch die Turn-over-Rate wider. Insgesamt wechseln laut Statistik 10 Prozent der Anteile eines ETFs jeden Tag den Besitzer.

MYTHOS NR. 3

Sind ETFs wirklich für schnelles Investieren geeignet oder handelt es sich bei dieser Aussage um einen Mythos? Viele Spekulanten verwenden ETFs als kurzfristige Möglichkeit. Schnell und günstig nehmen sie also an kurzfristigen Trends teil. Die Aussage stimmt jedoch nicht ganz. Laut einer Statistik schlagen weniger als die Hälfte der aktiv gemanagten Fonds kurz- und langfristig ihre Benchmark. Bei aktiv gemanagten Fonds liegt das allerdings an den zum Teil sehr hohen Verwaltungskosten.

MYTHOS NR. 4

Der Kostenvorteil bei ETFs ist nur sehr geringfügig. Ist das wichtig? Die Ausgaben für Indexfonds liegen ungefähr bei 0,1 bis 0,5 Prozent. Wenn Sie jedoch aktiv managen, dann können die Kosten schon einmal zwischen 1,5 und 2,0 Prozent liegen. Wie wäre es, wenn wir zwei Fonds miteinander vergleichen? Schauen wir uns doch einmal einen Fonds mit einer Kostenquote von ungefähr 0,2 Prozent und einen Fonds mit einem Kostenanteil von 1 Prozent an. Natürlich gehen wir in erster Linie erst einmal davon aus, dass die beiden Fonds die gleiche Performance erzielen. Wenn wir uns die Anlage über einen langen Zeitraum anschauen, zum Beispiel über 30 Jahre, dann sieht der Kostenvorteil schon ganz anders aus. Während das ETF-Portfolio nach 30 Jahren mit einer jährlichen Rendite von 5 Prozent um die 400 Prozent zugenommen hat, hat ein ETF mit dem Kostenanteil von 1 Prozent allerdings nur 325 Prozent zugenommen. Wenn Sie noch mehr Rendite erwarten, dann kann sich dieser Effekt auch noch verstärken.

MYTHOS NR. 5

Haben Sie schon einmal etwas von Leveraged-ETFs gehört? Oft heißt es, dass man auf diese Art der ETFs verzichten sollte. In der letzten Zeit hat man viel Negatives über Leveraged-ETFs gehört. Oft wird diese Art der ETFs von den Anlegern nicht wirklich verstanden und somit werden sie häufig auch falsch umgesetzt. Aus diesem Grund gab es sehr viele negative Schlagzeilen über diese ETFs. Die meisten Anleger erwarten viel mehr, als ihnen wirklich zusteht, und bekommen folglich nie das, was sie vermuten. Sie versprechen sich von diesen ETFs mit Hebel einiges, allerdings bilden die gehebelten ETFs nur die Tagesperformance mit Hebel ab. Das führt oft zu Verwirrung.

MYTHOS NR. 6

Rohstoff-ETFs sollen angeblich einen sehr unkomplizierten Zugang zum Rohstoffmarkt ermöglichen. Allerdings denken viele Anleger, dass die Rohstoff-ETFs auch tatsächlich den aktuellen Marktpreis der Rohstoffe abbilden. Das stimmt nicht und liegt häufig an dem Aufbau der ETFs. Denn die ETFs legen nicht in den physischen Rohstoff an, sondern versuchen eher, die Entwicklung darzustellen. Aufgrund der hohen Lagerkosten macht es nämlich wenig Sinn, in den physischen Rohstoff zu investieren.

MYTHOS NR. 7

Anleger glauben sehr häufig, dass ETFs einen Index zu 100 Prozent genau nachbilden. Das stimmt jedoch häufig nicht. Der Index wird mithilfe einer optimierten Aktienauswahl oder mittels eines Swaps gebildet. Im Swap-ETF sind verschiedene Aktien enthalten. Die Performance der einzelnen Aktien wird dementsprechend gegen die des Index eingetauscht. Positionen, die nur eine sehr geringe Gewichtung aufweisen, werden bei diesem Vorgang nicht berücksichtigt. Die kleinen Posten haben nämlich ohnehin keinen Einfluss auf die Entwicklung des Index.

MYTHOS NR. 8

Limit-Orders sind dank der hohen Liquidität von ETFs total überflüssig. Limit-Orders sind in dieser Hinsicht nie überflüssig, denn wenn man außerhalb der üblichen Handelszeiten handelt, können sie sogar sehr nützlich sein. Dass ETFs eine hohe Liquidität aufweisen, ist allerdings richtig. Auch auf Nischenmärkten können Limit-Orders sehr nützlich sein, da das Handelsvolumen noch sehr gering ist.

MYTHOS NR. 9

Können ETFs in der Zukunft aktiv gemanagte Fonds komplett ersetzen? ETFs haben in der Vergangenheit immer mehr an Beliebtheit gewonnen. Auch prophezeien Experten einen stetigen Anstieg der ETF-Branche. Jedoch werden aktiv gemanagte Fonds immer eine Rolle spielen, da Anleger wesentlich genauer über ihre Kapitalanlage bestimmen können. Ehrlich gesagt werden aktiv gemanagte Fonds noch sehr lange sogar eine übergeordnete Rolle spielen, jedoch kann man eine Veränderung des Marktes wahrnehmen – langsam, aber stetig.

MYTHOS NR. 10

Können ETFs und ein aktives Management miteinander kooperieren? ETFs reagieren eher passiv und bilden ein passives Indexkonzept ab. Das spiegelt sich in dem Punkt wider, dass häufig nur in die bekannten großen Indizes investiert wird. Jedoch gibt es neben den passiven auch aktive Indexkonzepte. Diese Konzepte benutzen quantitative Ansätze und legen somit die Indexzusammensetzung fest.

Wie Sie sicherlich schon bemerkt haben, gibt es für jeden negativen Punkt auch eine andere Meinung. Bevor Sie also einfach Ihr Geld in ETFs investieren wollen, sollten Sie sich ganz genau über dieses Thema informieren. Fehler und andere Missverständnisse können so leicht umgangen werden.

Die große Kritik an ETFs

Immer wieder hört man, dass ETFs einige Gefahren mit sich bringen. Einige Vorteile von ETFs haben wir Ihnen in diesem Ratgeber schon aufgelistet. Kommen wir jetzt zu den Nachteilen von ETFs. Wie sich die Nachteile nun auf die ETFs beziehen und wieso ETFs allein nicht ausreichen, werden wir Ihnen nun in diesem Abschnitt etwas genauer erläutern. Es gibt insgesamt 15 Punkte, die wir uns näher anschauen wollen.

DIE KOSTEN VON ETFS

Oft wird gesagt, dass ein ETF teurer als eine Aktie ist, jedoch sollte Ihnen klar sein, dass eine Aktie keine Ausgaben mit sich bringt. Wenn Sie eine Aktie kaufen, dann befindet sie sich in Ihrem Besitz und wird Sie in Zukunft kein Geld mehr kosten. Auch kosten 50 gekaufte Aktien in der Zukunft kein Geld mehr. Wenn Sie sich jedoch ein ETF anlegen, sollten Sie in jedem Jahr einplanen, dass Sie etwas von Ihrer Rendite abgeben müssen, denn ein ETF kostet jährlich Gebühren. Die Fondsgesellschaft verlangt also in jedem Jahr einen gewissen Betrag, damit sie den Index regelmäßig für Sie abbilden kann. Aktien müssen also nicht jährlich mit einer Gebühr bezahlt werden, für ETFs müssen Sie hingegen einen gewissen Betrag zahlen. Die Gebühren können Sie bei der Rendite der ETFs also direkt wieder abziehen. Das macht normalerweise 0,1 % bis 0,5 % aus. ETFs haben also hinsichtlich der Gebühren einen gewissen Nachteil gegenüber anderen Anlagearten.

ETFs werden sehr breit gefächert. Wenn Sie mit Aktien ebenso breit anlegen wollen, müssen Sie sich sehr viele Aktien kaufen. In diesem Fall müssen Sie für jede gekaufte Aktie eine Ordergebühr bezahlen. Da ETFs die Gewichtung der enthaltenen Aktien von allein anpassen, müssen Sie für den Kauf eines ETFs nur einmal eine Ordergebühr bezahlen. Jeder

Kauf auf dem Markt verlangt Gebühren. Je mehr Kapital Sie am Anfang haben, desto weniger wird Ihnen die Ordergebühr zur Last fallen. Wenn Sie breit diversifizieren wollen, dann sollten Sie sich trotz höherer Gebühren für ETFs entscheiden, denn das ist trotz der hohen laufenden Kosten immer noch die günstigere Wahl. Wenn Sie mehr Kapital zur Verfügung haben und Sie lieber in Einzelaktien investieren wollen, dann können Aktien für Sie tatsächlich günstiger sein. Sie werden zwar eine hohe Ordergebühr, dafür aber keine jährliche Gebühr zahlen müssen.

DURCHSCHNITT ERREICHEN

Ein bekanntes Zitat besagt, dass, wenn man breit in einen Markt investiert, man in der Regel die Durchschnittsrendite aller Aktien im Markt erreicht. Das klingt vielleicht sehr plausibel, ist jedoch völlig falsch, denn eigentlich erreicht man eine überdurchschnittliche Rendite. Aus diesem Grund sollten Sie den Unterschied der Brutto- und Nettorendite kennen. Die Bruttorendite beinhaltet die Rendite ohne Abzug der anfallenden Gebühren. Die Nettorendite hingegen ist die Rendite abzüglich der Gebühren. Die Nettorendite ist ausschlaggebend, da man als Anleger diese Rendite auf sein Kapital erhält. Die Durchschnittsrendite erhalten wir, wenn wir uns genauer auf die Bruttorendite konzentrieren. Das passive Investieren hilft dabei, den durchschnittlichen Wert zu erreichen. Die Nettorendite ist hingegen fast zwangsläufig, wenn man die aktive Vorgehensweise betrachtet, da man deutlich geringere Kosten hat. Man handelt wenig. Aus diesem Grund erreicht man in der Regel eine überdurchschnittliche Rendite.

WIE KANN MAN MIT ETFS EINE SEHR GUTE RENDITE ERREICHEN?

Gehen wir einmal davon aus, dass der aktive Investor eine Gebühr von ungefähr drei Prozent und der passive Investor eine Gebühr von 0,5 Prozent entrichten muss. Es gibt viele Beweise dafür, dass sich der Erfolg eines Privatanlegers und der Erfolg eines Fondsmanagers oft abwechseln und dass eher durch Zufall beide besser dastehen. Wenn man langfristig investiert, verringert sich stetig die Zahl derer, die besser als der passive Investor sind.

Den Vorsprung des passiven Investors können wir nicht eindeutig klären, darüber lässt sich natürlich streiten. Auch tauchen sehr oft Strategien auf, die versuchen, die aktive Anlagestrategie nachzustellen, um den Markt verlässlich zu besiegen. Jedoch kommt das sehr selten vor und demnach ändert es nichts an der Tatsache, dass das passive Investieren eine überdurchschnittliche Rendite einfährt. Ein weiterer Kritikpunkt ist außerdem, dass das passive Investieren jegliche Chance auf große Gewinne nimmt. Ihr großer Traum vom schnellen Geld kann demnach nicht einmal eben mit passivem Investieren erfüllt werden. Passives Investieren macht es also nicht möglich, Ihr Geld in kurzer Zeit zu vervielfachen. Ebenso können Sie nicht davon ausgehen, dass Sie Ihr ganzes Geld mit einem ETF verlieren.

Ein ETF ist so breit gefächert, dass es sehr unwahrscheinlich ist, dass Sie alles auf einmal verlieren. Sie können schließlich nicht erwarten, dass das große Geld auf Sie wartet, wenn Sie nichts riskieren. Der passive Investor sucht auf keinen Fall den Nervenkitzel. Wenn Sie eine Rendite anstreben, die weit über der Marktrendite liegt, dann sollten Sie Ihr Geld nicht in ETFs investieren. Streben Sie hingegen eine überdurchschnittliche Rendite an, dann sind ETFs genau das Richtige für Sie.

ETFS VERSAGEN IM CRASH

Wenn Sie in ETFs investieren, dann kaufen Sie nicht alle Aktien blind ein. Es gibt Tools, die die Aktien nur nach bestimmten Kriterien aussuchen. Sie suchen zum Beispiel nach einer günstigen Bewertung oder nach einer sehr hohen Qualität. Im Endeffekt kauft jeder Anleger nach unterschiedlichen Kriterien, in anderen Branchen oder in verschiedenen Regionen. ETFs decken verschiedene Nischen ab, sodass nicht jede Aktie komplett blind gekauft wird. Wenn Aktien in vielen ETFs vertreten sind, dann werden sie von den Anlegern auch eher erworben. Aktien, die sich hingegen in eher unpassenden Regionen oder Branchen befinden, werden eher weniger gekauft.

ETFS SIND HOCHRISKANT, WEIL SIE DIE AKTIEN NICHT BESITZEN

Um den jeweiligen Index nachzustellen, benutzen ETFs verschiedene Wege. Entweder investiert ein ETF in die im Index enthaltenen Aktien, wobei ein paar davon wieder an andere Anleger verliehen werden, oder es kann sein, dass ein ETF eben nicht in die enthaltenen Aktien investiert. Wenn Letzteres der Fall ist, dann lässt er sich die Rendite von einem Partner auszahlen. Ein Partner kann in diesem Fall eine Großbank sein. Die erste Vorgehensweise nennt man das Wertpapierleihrisiko und die zweite Variante das Kontrahentenrisiko. Allerdings kann man auch ohne die beiden Risiken auskommen. Die Fondsindustrie hat in dieser Hinsicht sehr gute Arbeit geleistet, denn in der Praxis ist die Wertpapierleihe eine sehr oft genutzte Möglichkeit. Normalerweise wird diese Methode oft bei aktiv gemanagten Investmentfonds angewandt, doch wird scheinbar nur bei ETFs darüber gesprochen, dass es riskant ist. Schauen wir uns doch einmal die Bescherung bei beiden Varianten etwas genauer an.

Bei diversen Swap-Geschäften muss wenigstens zu 90 Prozent eine sehr liquide Sicherheit hinterlegt werden. Das bedeutet, dass das Ausfallrisiko nicht mehr als zehn Prozent betragen darf. In der Realität werden ETFs sehr oft überversichert. Oft werden also Sicherheiten in Höhe von zum Beispiel 105 Prozent hinterlegt. Viele Anbieter überprüfen die Besicherung täglich, sodass sie bei Bedarf angepasst wird.

Bei der Wertpapierleihe sieht die Besicherung etwas anders aus. Die Gewinne aus der Wertpapierleihe fließen zu einem großen Teil in die ETFs ein. Die Rendite wird dadurch leicht erhöht. Wie findet eine Verleihung der Wertpapiere aus dem ETF überhaupt statt? Die Quote der Entleihung wird auf eine gewisse Höhe beschränkt, sodass zum Beispiel maximal 50 Prozent ausgeliehen werden können. Außerdem wird der Entleiher auf Herz und Nieren geprüft, ob er sich die Wertpapierleihe überhaupt leisten kann. Er wird also auf Bonität geprüft. Außerdem muss der Entleiher eine sehr liquide Sicherheit im Wert der Wertpapiere hinterlegen. Oft übersteigen diese Sicherheiten sogar den gesamten Wert der Leihe. Jeden Tag werden die Sicherheiten überprüft und wenn sie nicht mehr zutreffend sein sollten, dann werden sie dementsprechend angepasst. Sollten diese Sicherheitsmaßnahmen tatsächlich einmal fehlschlagen, dann bezahlen die Fondsgesellschaften den Fehlbetrag sehr oft aus eigenen Mitteln. Sie garantieren dafür, damit Sie keine Verluste einfahren.

Wie hoch das Risiko ist, muss im Endeffekt jeder für sich selbst einschätzen und entscheiden können. Es kam bisher noch nie vor, dass ein Anleger aus beiden Risiken einen finanziellen Schaden trug, noch nicht einmal in der Finanzkrise im Jahr 2008.

SCHUMMELN ETFS BEZÜGLICH DER LIQUIDITÄT?

In einigen Nischen-Bereichen kann die Liquidität sehr gering sein. Besonders in Crash-Phasen kann die Liquidität schon einmal einknicken. Zu den Wertpapieren, bei denen die Liquidität sehr niedrig sein kann, zählen die sogenannten Ramsch-Anleihen. ETFs machen den Anfang in solchen Nischen-Bereichen oder besser gesagt in solchen sehr schwer zugänglichen Anlagebereichen sehr leicht. Oft kommt es dazu, dass ein ETF teilweise sogar liquider ist als seine Wertpapiere – natürlich nur, wenn man den Durchschnitt betrachtet. Allerdings kann in schweren

Zeiten, zum Zeitpunkt einer Krise, die Handelbarkeit der ETFs sehr schwierig sein. Natürlich kann es sein, dass in solchen Zeiten allgemein die zugrunde liegenden Wertpapiere kaum bis gar nicht gehandelt werden und die Liquidität äußerst schlecht ist. Außerdem betrifft dieses Problem in Zeiten einer Krise genauso alle anderen Fonds.

WERDEN ETF-ANLEGER VON AKTIVEN ANLEGERN AUSGENUTZT?

Oft kann es sein, dass Indizes angepasst werden müssen. Einige ETFs müssen dann Aktien nachkaufen. Wenn das passiert, können die extremen Indexveränderungen sehr starke Kursschwankungen hervorrufen. Nun gibt es allerdings einige sehr schlaue Anleger, die diese Anpassungen sinnvoll nutzen wollen. Bevor sie in den Index aufgenommen werden, investieren sie in die passende Aktie oder in die entsprechende Region. Somit werden sie vom Anstieg des Kurses durch das neu erwirtschaftete Kapital der ETFs profitieren. Nachdem sie sich den Kursanstieg zunutze gemacht haben, versuchen sie, die Aktie wieder zu verkaufen. Wenn Sie nun ein passiver ETF-Anleger wären, würden Sie durch diesen Vorgang einen finanziellen Nachteil erfahren. Der ETF steigt nämlich durch diese Veränderungen oft viel zu teuer ein.

In Fachkreisen nennt man diesen Vorgang auch Frontrunning. Sie sollten jedoch wissen, dass dieser Vorgang in Deutschland nicht legal ist, da sehr vertrauliche Informationen ausgenutzt werden. Jedoch gilt dieses Verbot nur so lange, bis die Daten in der Öffentlichkeit stehen. Eine Studie hat bewiesen, dass die Kursveränderung zweier Aktien im Zeitraum von der Bekanntgabe bis zur Aufnahme der Aktien in den Index bei ungefähr +8 Prozent lag. Wenn die Aktien jedoch herausgenommen wurden, lag die erwirtschaftete Rendite von der Bekanntgabe bis zur Umsetzung bei ungefähr +15 Prozent. Seit dem Jahr 2000 kann man bei diesen Werten aber einen abnehmenden Trend wahrnehmen. Der jährliche Verlust entsprach im Jahr 2008 hingegen 0,2 bis 0,3 Prozent. Jedoch kennen die Fondsgesellschaften dieses Problem und versuchen aktiv, dagegen vorzugehen.

Sie kaufen also nicht nur einmal die neuen Aktien, sondern versuchen, die einzelnen Positionen über einen gewissen Zeitraum nacheinander aufzubauen. Sie versuchen, ihre Käufe so gut es geht geheim zu halten, jedoch kann keiner einen Verlust völlig ausschließen. Das Frontrunning tritt allerdings sehr selten auf und bezieht sich nur auf einen kleinen Anteil der ETFs. Im Endeffekt kann auch das Frontrunning nichts gegen den Erfolg der ETFs anrichten. Auf lange Sicht schlagen ETFs die Fondsmanager in 72 bis 98 Prozent der Fälle.

WERDEN ETF-ANBIETER ZU MÄCHTIG?

Auf dem ETF-Markt gibt es viele große Anbieter, die den Markt beherrschen und einen großen Teil des Marktes abdecken. Jedoch gibt es auch ein paar kleine Anbieter, die auf dem Markt mitmischen. Auf einem ETF-Markt gilt: Sehr wenige Anbieter führen den Markt an, das führt jedoch zu eher schlechten Ergebnissen der Verbraucher. Die Kosten steigen drastisch an. Diese Aussage ist erst einmal nur theoretisch ausgedrückt. Wie sieht jedoch die Realität aus? Die Kosten von ETFs sind in den letzten Jahren sehr stark gesunken. In den kommenden Jahren könnte es also sein, dass dieses Anlageprodukt immer günstiger wird. ETF-Anleger werden in der Zukunft also mehr an diesem Produkt interessiert sein. Die Anbieter versuchen jedoch nicht, die Preise stetig zu heben, sie versuchen eher, sich gegenseitig zu unterbieten.

Ein weiterer negativer Punkt für die ausgeglichene Marktmacht ist das Insolvenzrisiko. Was würde passieren, wenn der Markt einmal richtig zusammenbrechen sollte? Was werden dann die ETF-Fondsgesellschaften machen? Werden sie ein zweites Beben auslösen? Fondsgesellschaften sind jedoch keine Banken. Von Banken können einige Risiken ausgehen. Wenn die Kurse eines Unternehmens fallen, wird zuerst das Kapital der ETF-Anleger angesprochen. Das investierte Kapital würde jedoch auch bei allen anderen Anlageformen angegriffen werden, sodass es völlig egal ist, ob es passiv oder aktiv gemanagte Fonds sind. Auch kann das investierte Geld einer Einzelaktie sofort an Wert verlieren. Selbst wenn zum Beispiel eine Fondsgesellschaft insolvent werden sollte, dann wäre Ihr investiertes Geld trotzdem geschützt. Ihr Geld gehört nämlich mit zum Sondervermögen. Das Sondervermögen darf im Falle einer Insolvenz auf keinen Fall angerührt werden, sodass Sie Ihr investiertes Kapital ohne Probleme wiederbekommen.

SIND ETFS FINANZPRODUKTE?

ETFs sind Finanzprodukte. Dennoch haben sehr viele Menschen gewisse Vorurteile gegenüber der Finanzindustrie. Allerdings sollten die Menschen und vielleicht auch Sie nicht direkt alles schlechtreden, denn inhaltlich bleibt von der negativen Kritik an den ETFs eher wenig haften. Wenn Sie jedoch fest davon überzeugt sind, dass die Finanzindustrie schlecht und jedes Produkt reine Abzocke ist, dann kann man Sie wahrscheinlich auch mit sehr guten Argumenten nicht vom Gegenteil überzeugen. Wenn Sie sich von diversen Fakten über ETFs nicht überzeugen lassen, dann sollten Sie definitiv zu einzelnen Aktien greifen.

FAZIT

Es gibt viele Experten, die ETFs kritisieren. Einige Kritiker stellen die Nachteile der ETFs für den Anleger dar, die Fondsmanager finden ETFs hingegen einfach nur störend. ETFs sind in der Finanzwelt sehr umstritten und oft Gesprächsthema in hitzigen Diskussionen. Für Sie als Anleger sollte aber nur der erste genannte Kritikpunkt eine Rolle spielen, das heißt, wenn Sie ETFs führen wollen, dann müssen Sie dafür die laufenden Kosten tragen. Außerdem können Sie durch die ETFs leicht zum Zocken animiert werden. Ebenfalls kann ein ETF den Brutto-Markt nicht schlagen. Nach einem längeren Zeitraum können ETFs jedoch auch effizienter werden und geläufige Mechanismen von Investmentfonds nutzen. Das sind erst einmal die wichtigsten Punkte, die Sie als zukünftiger ETF-Anleger beachten sollten.

Natürlich sind ETFs nicht gleich ETFs. Bevor Sie in ein ETF investieren, sollten Sie sich ausgiebig informieren, mit was Sie es überhaupt zu tun haben. Wie geht der ETF vor? Passt der anvisierte ETF zu Ihren Vorhaben? Diverse Nachteile und andere Risiken sind also vorhanden. Jedoch ändern diese Risiken nichts an der Tatsache, dass ETFs für den kleinen Privatanleger eine sehr gute Sache sind. ETFs sind nämlich immer noch günstiger als andere Anlagearten, außerdem sind sie risikoarm und man kann mit ihnen eine sehr gute Rendite erzielen. Daran können die schlechten Worte der Banken und Investmentfonds auch nichts ändern. Das ist Fakt.

Anlageprodukte, die Sie vermeiden sollten

Kommen wir nun zu einem neuen Abschnitt. Während wir im vorigen Kapitel etwas genauer auf das Anlageinstrument ETF eingegangen sind, wollen wir Ihnen nun einige Produkte vorstellen, von denen Sie besser Abstand halten sollten. Eine konservative Anlageform verfügt über ein sehr geringes Ausfallrisiko. Sie haben die Sicherheit, dass Ihr langfristig erspartes Kapital nicht plötzlich geschmälert wird. Ihr erspartes Vermögen bleibt also mindestens so erhalten, wie Sie es angelegt haben. Eine Geldanlage sollte demnach möglichst wenig Risiko mit sich bringen und besonders nachhaltig erfolgen. Im Folgenden werden wir uns die verschiedenen Anlagearten etwas genauer anschauen und die Vor- und Nachteile ausarbeiten.

Schauen wir uns das erste Anlageprodukt an, das Bausparen. Eigentlich ist das Bausparen keine richtige Geldanlage, da der Bausparvertrag oft zweckgebunden benutzt wird. Oft wird das angesparte Kapital dann für eine Baufinanzierung oder für Renovierungen des Hauses oder der Wohnung genutzt. Wenn die Sparer sich jedoch gegen das Darlehen entscheiden sollten, bekommen sie von manchen Banken sogar eine Prämie. Damit Sparer diese Prämie bekommen, müssen sie jedoch einige Regeln befolgen. Auch müssen regelmäßig Gebühren bezahlt werden, die nach Abschluss des Vertrages fällig werden.

Auch Sparpläne können Sie in Anspruch nehmen, wenn Sie Geld anlegen wollen. Wenn Sie einen Sparplan benutzen, legen Sie in regelmäßigen Abständen, zum Beispiel monatlich, einen Betrag zurück, um so ein kleines Kapital aufzubauen. Viele Anleger benutzen das Sparbuch. Sie überweisen jeden Monat einen bestimmten Geldbetrag von ihrem

Girokonto auf ihr Sparbuchkonto. Das Sparbuch ist die beliebteste Form der Geldanlage, allerdings wirft es nicht sehr viel Rendite ab. Dennoch ist es ein wahrer Klassiker und wird besonders in Deutschland sehr oft genutzt. In der heutigen Zeit werden Sparpläne oft nur noch mit Aktien und Fonds verknüpft, allerdings wird ein Teil der eingezahlten Summe mit einem festen Zinssatz versehen und der Rest wird in Aktien oder auch in Fonds angelegt. So bekommt man wesentlich höhere Erträge und das Risiko wird gleichzeitig minimiert.

Beim Festgeld legen Sparer einen bestimmten Betrag über einen sehr langen Zeitraum zu einem vertraglich vereinbarten Zinssatz fest. Das Festgeld wird dabei in einer Summe eingezahlt. Diese Anlageform eignet sich deshalb nur für Personen, die ein größeres Kapital zur Verfügung haben. Wenn Sie noch kein Kapital ansparen konnten, dann ist diese Anlageart eher nichts für Sie. Dieses Finanzprodukt bietet einen festen Zinssatz und weist keine Flexibilität auf. Dennoch ist das Festgeld eine sehr sichere Anlageart, da die Banken es als Einlagensicherung nutzen.

Neben dem Festgeldkonto wird als Ergänzung oft das Tagesgeld genutzt. Das frei gewordene Kapital kann so verzinst bestehen bleiben, bis Sie auf die Idee kommen, es neu anlegen zu wollen. Jedoch gibt es in den meisten Fällen Zinsen zu einem sehr geringen Zinssatz, allerdings ist die tägliche Verfügbarkeit für viele Anleger ein verlockendes Angebot.

Auch Immobilien gelten als sehr konservative Geldanlage, sie versprechen nämlich eine sehr stabile Wertanlage. Natürlich kommt es bei einer Anlage in Immobilien immer auf die Lage und den Zustand des Objektes sowie auf die allgemeine Marktlage an. Jedoch sind Immobilien als beständig und krisenresistent zu betrachten.

Ebenso krisenresistent ist eine Anlage in Gold und Edelmetalle. Diese Art der Anlage gilt als sehr stabil und wird von Experten immer wieder empfohlen. Vor allem Gold ist für eine langfristige Anlage geeignet.

VOR- UND NACHTEILE DER KONSERVATIVEN ANLAGEFORMEN

Die konservativen Anlageformen sind allesamt eine sehr sichere Geldanlage. Sparer können ganz ohne Vorkenntnisse ihr Kapital in diesen Anlageformen unterbringen. Außerdem wird kein Anleger ausgeschlossen, da die konservativen Anlageformen von jedem Sparer genutzt werden können. Zudem gibt es sehr viele Banken, die diese Formen der Geldanlage anbieten. Sie können also jederzeit zu Ihrer Bank des Vertrauens gehen und sich über jede einzelne Art informieren lassen. Jedoch bringen auch die sicheren Anlageformen ein paar Nachteile mit sich. Auch wenn die konservativen Anlageformen eine sichere Geldanlage sind, bringen sie in den meisten Fällen nur eine sehr geringe Rendite ein. Eine höhere Rendite können Sie allerdings auch nur dann erwarten, wenn Sie Ihr Geld für einen langen Zeitraum anlegen. Außerdem weisen diese Anlagen nur eine sehr geringe Liquidität auf. Auch wenn diese Anlageformen beliebt sind, dauert es sehr lange, bis man eine hohe Summe angespart hat.

RENDITESTARKE ANLAGEFORMEN

Wenn Geldanlagen eine hohe Verzinsung, hohe Dividenden und hohe Ausschüttungen mit sich bringen, dann spricht man von renditestarken Anlageformen. Allerdings sind diese Anlageformen oft mit einem höheren Risiko verbunden. Aktien sind zum Beispiel eine sehr riskante Geldanlage. Je nach Marktlage und Entwicklung des Unternehmens können die Renditen stark schwanken. Wenn Sie jedoch über das gewisse Know-how verfügen, können Sie mit Aktien sehr hohe Gewinne einfahren. Ihnen sollte allerdings immer stets bewusst sein, dass es keine Garantie auf diese Gewinne gibt.

Auch Anleihen gelten als eine sehr renditestarke Geldanlage. Anleihen sind auch noch relativ sicher, da sie über einen längeren Zeitraum einen bestimmten Zinssatz garantieren. Wenn Sie als Anleger Ihr Geld in Unternehmensanleihen investieren wollen, dann sollten Sie stets auf die Bonität achten und im Voraus sämtliche Informationen über das Unternehmens einholen.

Fonds zählen ebenfalls zu den renditestarken Anlageformen. Sie werden an der Börse gehandelt, wobei Sie nicht selbst die Fonds verwalten, denn das wird von einer Fondsgesellschaft übernommen. Diese Gesellschaften verteilen das Geld der Anleger auf viele Anlagebereiche. Ein Fonds bietet im Gegensatz zu einer einzelnen Aktie eine viel höhere Sicherheit, da Fondsanlagen sehr breit gefächert sind und sich auf mehrere Aktien beziehen. Die Rendite hängt demnach von der Konstellation der Fonds und zeitgleich von der Arbeit des Fondsmanagers ab. Wenn Sie sich für einen Fonds entscheiden sollten, dann müssen Sie auf jeden Fall die Verwaltungsgebühren berücksichtigen, um Ihre Rendite zu ermitteln.

Bei ETFs handelt es sich ebenfalls um Fonds, die an der Börse gekauft und dann wieder verkauft werden. Viele Anleger setzen bei diesem Finanzprodukt auf das passive Fondsmanagement. Der Fondsmanager stellt die Fonds anhand der Benchmarks zusammen. Der Anleger muss für die Tätigkeit des Managers natürlich auch eine Verwaltungsgebühr bezahlen, allerdings ist diese aufgrund der passiven Verwaltung nicht besonders hoch.

Natürlich können Sie Ihr Geld auch in Dinge investieren. Sie haben schon immer großes Interesse an alten Autos gezeigt oder sind total überzeugt von hochwertigem Schmuck? Auch Designerstücke sind bei

Anlegern besonders beliebt und können genauso gut als Geldanlage genutzt werden. Ob Sie mit dieser Anlageart jedoch eine hohe Rendite erwirtschaften können, kann man nicht sagen, da man die Wertsteigerung nicht beeinflussen kann. Es gibt für die Bewertung von Gütern keine festen Regeln oder Richtwerte, deswegen sollten Sie sich bei Sachwerten ganz genau überlegen, in was Sie investieren wollen.

Derivate Finanzprodukte können Ihnen ebenfalls eine sehr hohe Rendite einbringen, jedoch sind bei dem Erwerb von Zertifikaten oder Optionen auch sehr hohe Verluste möglich. Wenn Sie Ihr Kapital mit dieser Anlageart vermehren wollen, brauchen Sie ausgereifte Kenntnisse über den Markt.

Im Endeffekt gibt es keine perfekte Anlageform. Viel lieber sollten Anleger einen überlegten Mix finden und das Geld in mehrere Anlageformen investieren. Natürlich müssen Sie Ihre eigenen Vorhaben, Wünsche, Risiken und Umstände berücksichtigen, um die beste Geldanlage für sich zu finden. Für welche Anlage Sie sich am Ende entscheiden sollten, hängt ganz von Ihrer Risikobereitschaft ab. Wenn Sie schon ein hohes Kapital besitzen, wird es Sie vermutlich kaum schmerzen, wenn Sie an einem schlechten Tag ein paar Verluste einfahren. Wenn Sie jedoch sehr viele Jahre gespart haben, um sich ein bestimmtes Kapital aufzubauen, werden Sie mit Sicherheit etwas vorsichtiger mit Ihrem Geld umgehen und eine sichere Geldanlage wählen.

EINE KLEINE ENTSCHEIDUNGSHILFE FÜR SIE

Haben Sie schon einmal etwas von dem magischen Dreieck gehört? Das magische Dreieck vereint die drei wichtigsten Begriffe der Geldanlage. Bei Auswahl der Geldanlage sollten Sie auf die Rendite, die Sicherheit und die Liquidität bzw. die Verfügbarkeit achten. Folgenden Spruch sollten Sie sich daher gut einprägen:

Die beste Anlageform sollte bei maximaler Sicherheit und permanenter Verfügbarkeit eine hohe Rendite bringen.

Diesen Spruch sollten Sie als Anleger für immer im Kopf behalten. So sollte es zumindest in der Praxis sein, doch leider kann man diesen Spruch nur in der Theorie so einfach umsetzen. In der Realität müssen die Anleger in Bezug auf diese drei Faktoren ein paar Abstriche machen. Wägen Sie ab, welche der drei Faktoren Ihnen am wichtigsten sind. Je mehr Sie einen Punkt aus dem magischen Dreieck fokussieren, desto weniger Wert hat ein anderer Punkt. Es ist leider nicht möglich, dass alle drei Punkte gleichbehandelt werden können.

Lassen Sie uns ein Beispiel dazu anschauen: Sollten Sie sich für eine renditereiche Anlageart entscheiden, müssen Sie entweder Abstriche hinsichtlich der Sicherheit oder der Verfügbarkeit machen. Wenn Sie jedoch zusätzlich Ihr Geld absichern wollen, dann müssen Sie vermutlich auf die Verfügbarkeit komplett verzichten. Sollten Sie sich einen Fonds kaufen, ist es möglich, eine hohe Rendite zu erlangen und im gleichen Moment von einer sicheren Geldanlage zu profitieren. Jedoch müssen Sie bei diesem Beispiel mit einer wesentlich längeren Laufzeit rechnen. Ihr Geld ist für Sie demnach erst einmal nicht verfügbar.

RENDITE

Was ist überhaupt eine Rendite? Rendite nennt man die Erträge von Vermögens- oder Geldanlagen. Es kann sich dabei um Dividenden aus Aktien, Zinsen, Wertpapieren oder aber auch um Wertsteigerungen bei Devisen handeln. Das sind jedoch längst nicht alle Erträge. Es gibt noch viele weitere Ausschüttungen, die als Renditen bezeichnet werden. Wenn Sie mit einer Geldanlage sehr hohe Renditen erzielen, müssen Sie allerdings auch mit sehr hohen Wertschwankungen oder sogar mit

Verlusten rechnen. Auch müssen Sie diverse Gebühren berücksichtigen, die Ihre Rendite ebenso minimieren können.

SICHERHEIT

Je breiter gefächert Ihre Geldanlage ist, desto sicherer ist sie auch. Sie können Ihr Vermögen auf unterschiedliche Weise anlegen, in Fonds, in Wertpapieren, in Aktien oder auch in Sachwerten. Die Europäische Einlagensicherung bietet besondere Sicherheiten an, indem sich Banken dazu verpflichten müssen, die Einlagen der Kunden bis zu einer bestimmten Höhe abzusichern, falls eine Insolvenz eintreten sollte. Natürlich ist nicht nur die Europäische Einlagensicherung für die Sicherheit Ihrer Geldanlage verantwortlich, auch kommt es auf die Stabilität Ihrer Geldanlage an. Sind die Werte Ihrer Geldanlage relativ stabil? Der Kauf von Gold soll übrigens eine sehr hohe Sicherheit bieten.

LIQUIDITÄT

Liquidität bezeichnet die Verfügbarkeit Ihres Vermögens. Oft ist das angelegte Geld an einen bestimmten Zeitraum gebunden. Normalerweise bedeutet das für Sie: Je kürzer der Zeitraum ist, desto liquider ist auch die Geldanlage. Steigt die Liquidität, sollte Ihnen jedoch auch bewusst sein, dass sich die Rendite oft zeitgleich reduziert. Aus diesem Grund bringt das Tagesgeld die niedrigsten Erträge.

Wissenswertes rund um das Thema ETF

In diesem Kapitel wollen wir noch einmal alle wichtigen Fakten zum Thema ETF aufgreifen. Wie genau kann man ein ETF beschreiben? Was sind die grundlegenden Eigenschaften eines ETFs? Was bedeutet Diversifikation? Im letzten Teil dieses Ratgebers werden wir Ihnen diese und noch viele weitere Fragen noch einmal etwas genauer beantworten. Kommen wir sofort zur ersten Frage, die wir eben auch schon genannt haben: Was ist überhaupt ein ETF? Ein ETF ist ein Fonds. Dieser Fonds bildet die Wertentwicklung des ihm zugrunde liegenden Index ab. Außerdem kann dieser Fonds an der Börse gehandelt werden. Eigentlich verfolgen viele Fonds immer das Ziel, besser zu sein als der handelsübliche Markt, jedoch ist das nicht das Ziel eines ETFs. Viele Studien haben mittlerweile belegt, dass es für einen Fondsmanager kaum möglich ist, auf lange Sicht einen besseren Wert zu haben als ein bestimmter Index. Natürlich bezieht man sich hier nur auf den Index, den er versucht, nachzustellen.

Ein Fonds ist ein Sondervermögen. Der Anleger eines ETFs ist also dementsprechend nicht von der Zahlungsunfähigkeit des Anbieters betroffen. Was ist der Unterschied zwischen einem normalen Fonds und einem ETF? Ein ETF versucht, lediglich einen einzigen Index nachzubilden. Außerdem sind die jährlichen Kosten wesentlich geringer als bei einem normalen Investmentfonds. Ein ETF wird nämlich passiv gemanagt, sodass der Fondsmanager für seine geringfügigen Tätigkeiten nur einen kleinen Betrag bekommt.

Wenn Sie sich ETFs anschaffen, müssen Sie keine Angst haben, dass Sie sie für einen langen Zeitraum halten müssen, denn ETFs können jederzeit an der Börse wieder verkauft werden. Auch können ETFs außerbörslich verkauft werden. ETFs bilden einen Index ab, sodass die gesamte Geldanlage passiv gemanagt wird. Diese Geldanlage ist nur dafür da, die Entwicklung der einzelnen Werte zu verstehen. Wenn der Wert des nachgestellten Index steigt, dann steigt logischerweise auch der Wert des ETFs und wenn der Wert des Index sinkt, dann sinkt auch der Wert des ETFs.

Wann wurden die ersten ETFs gelistet? Die ersten ETFs fanden im Jahr 1993 in den USA ihren Weg zur Börse. Nachdem sie das erste Mal gelistet worden waren, konnte man schon in den ersten Jahren ein ständiges Wachstum feststellen. Seit der Jahrtausendwende kann man ETFs auch in Deutschland handeln. In den vergangenen Jahren wuchsen die Beliebtheit der Indexfonds und die Auswahl der ETFs.

Diversifikation bedeutet, dass Sie Ihr ETF-Portfolio besonders günstig und effizient streuen können. Sie verteilen Ihr Risiko auf mehrere Risikoträger, um das Profil Ihrer Anlage zu optimieren. ETFs bilden einen ganzen Index ab, aus diesem Grund können Sie also einen ganzen Markt abdecken, und zwar mit nur einer einzigen Transaktion.

ETFs sind besonders kosteneffizient, da keine Ausgabe- und Rücknahmeaufschläge anfallen. Es fallen lediglich die Transportkosten an, die beim Kauf und Verkauf eines ETFs entstehen. Außerdem müssen Sie für die Tätigkeiten des Fondsmanagers eine geringe Verwaltungsgebühr bezahlen.

ETFs bilden die Wertentwicklung des ihnen zugrunde liegenden Index ab, sodass sie besonders transparent sind. Durch das transparente Anlageinstrument können alle wichtigen Informationen zum Thema Handel auf Tagesbasis und sogar in Echtzeit eingesehen werden. Zudem können ETFs ganz einfach an der Börse gehandelt werden. Natürlich können Sie diese Vorgänge innerhalb eines Tages durchführen und sogar innerhalb von wenigen Sekunden ist es möglich, seine Meinung dem Markt zu präsentieren. ETFs können deshalb vielfältig als Teil einer Anlagestrategie eingesetzt werden. Sie versprechen im Gegenzug langfristiges Wachstum, teilweise Absicherung des Portfolios und kurzfristige Handelsmöglichkeiten.

Können ETFs einem richtigen Crash wirklich standhalten? Fondsmanager und diverse Banken sind sich darüber einig, dass ETFs im Falle eines Crashs versagen. Man läuft sozusagen ins offene Messer und liefert sich den schlechten Ereignissen aus. Ein Fondsmanager wiederum kann sofort handeln und Sie und Ihr Kapital vor Verlusten schützen. Jedoch tauchen auch in dieser Aussage ein paar Probleme auf. Das erste Problem bezieht sich auf die Statistiken, die über Zeiträume aufgezeichnet wurden, in denen Crashs eine Rolle spielten. Es ist logisch, dass Fondsmanager in diesen Zeiträumen besser abgeschnitten haben. Allerdings sollte dieser Effekt nicht wirklich lange angehalten haben. Das zweite Problem beinhaltet wahre Fakten.

Wie viele Fondsmanager haben es in den Jahren, in denen ein Crash stattfand, geschafft, den Markt zu besiegen? Die Zahl derer, die es wirklich geschafft haben, liegt in diesen besagten Jahren immer unter 50 %. In den Jahren des Crashs sind selbst die Anleger, die den Index nachgebildet haben, den Fondsmanagern einen Schritt voraus. Das dritte Problem bezieht sich auf die langfristige Entwicklung. Auch wenn die Fondsmanager für einen kurzen Moment sehr gut abschneiden sollten, müssen wir uns dennoch auf einen langen Zeitraum konzentrieren. Wenn wir weiter in die Zukunft blicken, werden Fonds wahrscheinlich eine überdurchschnittliche Rendite erwirtschaften, da sie die günstigeren Konditionen haben.

KAUFT MAN MIT ETFS IMMER AUCH SCHLECHTE AKTIEN?

Wenn man ein ETF kauft, dann schafft man sich gleichzeitig einen ganzen Haufen Aktien an. Natürlich werden nicht alle Aktien eine sehr gute Rendite abwerfen. Oft werden auch schlechte Aktien, die keine Gewinne abwerfen, Ihr Kapital schmälern. Anleger, die Ihre Fonds aktiv managen, sind deshalb von ETFs eher weniger begeistert. Fakt ist jedoch, dass selbst die besten Investoren in schlechte Aktien investieren. Jeder Anleger wird früher oder später einmal eine Aktie erwischen, die eine negative Auswirkung auf das Kapital haben wird. Daher kann man diese Aussage nicht nur auf ETFs beziehen, denn alle Aktien sind irgendwann davon betroffen. Die meisten Anleger und auch Fondsmanager schaffen es nicht, den Markt von guten und schlechten Aktien zu unterscheiden. Oft neigen die Anleger sogar dazu, die guten Aktien eher zu verkaufen und die schlechten Aktien zu erwerben.

Wieso sehen viele Anleger immer nur das Problem, dass schlechte Aktien in einem ETF enthalten sein könnten? Wieso sehen sie nicht den Vorteil, dass überhaupt gute Aktien enthalten sind? Denn die guten Aktien überwiegen bei den meisten Anlegern. Damit das Problem der schlechten Aktien wirklich zu einem richtigen Problem wird, müssen ein paar Punkte erfüllt sein. Natürlich brauchen Sie erst einmal das Wissen, um gute von schlechten Aktien unterscheiden zu können. Viele Anleger bekommen selbst das nicht hin. Die allgemeinen Kosten sollten außerdem so gering wie möglich gehalten werden, denn durch das ganze Handeln wollen Sie schließlich nicht auch noch Ihre mögliche Zusatzrendite aufzehren. Sie müssen auch mehr Zeit aufwenden und stets mehr Risiko eingehen.

Die meisten Privatanleger wollen es nicht hören, doch es entspricht der Realität. Für viele Anleger endet der Versuch, gute und schlechte Aktien zu unterscheiden, in wesentlich schlechteren Renditen.

ETF-ANLEGER WOLLEN NUR VON ANDEREN PROFITIEREN

Es gibt eine Theorie, die Effizienzmarkthypothese. Ohne Eingehen eines bestimmten Risikos ist es fast nicht möglich, eine bessere Rendite zu bekommen. Alle Informationen wurden nämlich schon in die Aktienkurse eingepreist. Die Aussage meint also, dass auf den Märkten nur faire Preise herrschen. Das ist nachvollziehbar, oder nicht? Wenn negative Schlagzeilen verbreitet werden, dann sinkt logischerweise auch der Aktienkurs. Wenn Sie in den Nachrichten positive Meldungen wahrnehmen, dann steigt ein bestimmter Aktienkurs. Aus diesem Angebot und aus dieser Nachfrage entsteht also ein Preis und folglich sind Angebot und Nachfrage im Einklang.

Nach dieser Aussage ist es also nicht mehr denkbar, eine Überrendite zu erwirtschaften. Aus diesem Grund wird in ETFs nur passiv investiert. Während Fondsmanager, Analysten und andere Privatanleger für die fairen Preise auf dem Markt verantwortlich sind, sind ETF-Anleger eher Trittbrettfahrer. Die Fondsmanager und diverse andere Experten analysieren die jeweiligen Bilanzen, die Gewinn- und Verlustrechnungen, das Management und viele weitere Faktoren, sodass der Preis auf dem Markt immer fair bleibt. Wenn Sie nun also breit in den Markt investieren, machen Sie sich an diesen fairen Preisen zu schaffen. Sie machen sie sich zunutze, obwohl Sie selbst nichts zu diesen Preisen beigetragen haben. Jedoch müssen wir auch diese Aussage etwas kleiner halten, denn einige große Unternehmen haben ihren Ruhm nicht den ETFs, den Fondsmanagern oder anderen Privatanlegern zu verdanken, sondern die Kunden sind dafür verantwortlich, denn sie kaufen schließlich die sehr teuren Produkte. Im Endeffekt sind sämtliche Kaufentscheidungen der Verbraucher dafür verantwortlich, wo das Geld des Anlegers am Ende landen wird. Die Kaufkraft des Kunden entscheidet darüber, welches Unternehmen wertvoll ist. Welches Unternehmen verkauft die meisten Autos, Smartphones, Staubsauger etc.?

ETFS SIND FÜR DIE KURSBEWEGUNGEN VERANTWORTLICH

Wenn Sie logisch handeln wollen, dann müssen Sie einfach die in einem ETF enthaltenen Aktien erwerben, denn ein ETF bildet den zugrunde liegenden Index ab, während Sie die darin enthaltenen Aktien kaufen. Wenn nun also ein Kurs steigt, dann werden sehr wahrscheinlich mehr Anleger diese Aktie kaufen. Je höher der Kurs steigt, desto beliebter wird auch die Aktie. Auch wichtig zu wissen ist, dass, wenn der Kurs eines Unternehmens steigt, das Unternehmen an der Börse an Wert gewinnt. Ein ETF muss genau dieses Szenario berücksichtigen, ein ETF gewichtet die Aktien nämlich nach ihrem Wert an der Börse. Ein ETF muss jedoch nicht die Aktie nachkaufen, wenn der Börsenwert eben dieser Aktie steigt. Sie muss nicht nachgekauft werden, nur damit sie der Gewichtung des Index entspricht. Wenn das der Fall ist, werden vermutlich noch mehr Aktien erworben, die ohnehin schon gekauft wurden. Die ETFs würden dementsprechend den Trend künstlich beeinflussen.

In der Realität sieht dieser Prozess jedoch ganz anders aus. Steigt eine Aktie im Wert und kann der ETF diese Aktie halten, wird der Anteil der Aktie automatisch im ETF gesteigert. Der ETF muss also nicht nachträglich mehr Aktien kaufen, da jegliche Veränderungen des Preises bei der Gewichtung durch den Preis nachgebildet werden. Wenn allerdings jede Aktie im Index den gleichen Wert hat, stellt das eine Ausnahme dar, jedoch kommt dies eher selten vor. Auch sieht dieser Prozess anders aus, wenn eine beliebige Aktie den Index wechselt. Wechselt eine Aktie in einen kleineren Index, müssen die ETFs vom vorigen Index diese Aktie theoretisch verkaufen und der kleinere Index-ETF muss die Aktie kaufen. Natürlich spielt der Marktanteil der ETFs ebenso eine sehr große Rolle, sodass die Aktie dadurch beeinflusst wird. Dieses Szenario tritt äußerst selten auf und wenn überhaupt nur bei replizierenden ETFs.

SOLLEN ALLE MENSCHEN NUR NOCH ETFS KAUFEN?

Noch ist die Anlageart ETF sehr unbekannt. Wenige Anleger in Deutschland benutzen diese Art der Anlage. Noch sind wir also sehr weit davon entfernt, dass ETFs sich in irgendeiner Art und Weise auf das Marktgeschehen auswirken – bis zum heutigen Tage vielleicht. ETFs bieten nämlich sehr viele Vorteile und genau deshalb werden irgendwann sehr viele Menschen auf sie aufmerksam. Die Menschen erkennen irgendwann die Vorteile von ETFs und werden in der Zukunft womöglich immer mehr Kapital in diese Anlageart investieren. Die meisten Banken und Vertreter versuchen jedoch, die für sie besten Produkte an die zukünftigen Anleger zu bringen. Die völlig überteuerten Produkte werden meist angenommen und somit bremst die Finanzbranche diesen Wandel ein wenig aus. Werden ETFs in 10 oder 20 Jahren groß rauskommen? Das kann leider keiner so richtig beantworten. Nehmen wir einmal an, dass ETFs in den nächsten 10 Jahren einen gewaltigen Aufschwung erleben – was passiert dann? Was ist, wenn die meisten Anleger nur noch in ETFs investieren?

Wenn alle ihr Geld nur noch in ETFs investieren, wer kümmert sich dann um die Preise auf dem Markt? Wie wir in den vorigen Abschnitten schon gelernt haben, beruht der Erfolg der ETFs darauf, dass am Markt faire Preise herrschen. Je weniger Analysten, Fondsmanager und andere Experten sich ein Unternehmen genau anschauen, desto mehr wird sich der Wert der Aktie vom eigentlichen Wert wegbewegen. ETFs nehmen einfach nur den Wert auf, den sie von anderen Marktteilnehmern bekommen. Deshalb haben aktive Anleger meist bessere Chancen, da sehr wenige Teilnehmer für die Findung des Preises verantwortlich sind, und wenn man mit ein wenig Geschick und Logik an die Sache herangeht, findet man bestimmt günstige Aktien. Je weniger effizient der Markt ist, desto besser ist die Lage für aktive Anleger.

Dann wird es wiederum mehr aktive Anleger geben, sodass nicht mehr alle Menschen nur passiv in ETFs investieren. In der heutigen Zeit ist es wahrscheinlich unmöglich, dass Informationen zu langsam oder in nur sehr geringen Mengen übertragen werden. Unsere hochleistungsstarken Computer machen es möglich und Probleme bezüglich der Technik kommen nur sehr selten vor. Eher nehmen die Informationsbeschaffung und die Informationsbearbeitung zu. Das passive Investieren liegt auf dem aktuellen Markt nicht bei 20 %, sondern eher bei unter einem Prozent.

Demnach ist die Frage, was passieren würde, wenn alle nur noch in ETFs investieren, gar kein richtiges Argument. Haben Sie sich schon einmal die Frage gestellt, wie es ist, wenn es nur noch Unternehmer oder Selbstständige geben würde? Was wäre, wenn alle nur noch in einem Laden einkaufen würden? Es gibt viele Beispiele, die nach dieser Art aufgebaut sind. Sollten wir nun jeden Beruf, jedes Unternehmen, jede Anlageart untersagen, damit es bloß nicht zu Ungereimtheiten kommt, wenn jeder das Gleiche tut? Dieses Beispiel liegt jedoch in weiter Ferne, da der Markt selbst vermutlich alles daran setzen wird, dass so etwas nicht passiert und dass die Menschen nie genau die gleichen Schritte unternehmen werden.

HABEN ETFS EINE EIGENE MEINUNG?

ETFs halten oft große Aktienbestände bei sich, ganz zum Ärger vieler Fondsmanager. Denn viele Aktien enthalten ein Stimmrecht, welches auf der jährlichen Hauptversammlung genutzt werden kann. Mit dieser Stimme kann man für oder gegen Vorhaben des Vorstandes stimmen. Für Privatanleger ist dieses Stimmrecht eher weniger nützlich. Vielmehr wird den Fondsmanagern, die viele Aktienbestände vorweisen können, ein großes Mitspracherecht eingeräumt. Ein Fondsmanager spielt eine sehr große Rolle in der Unternehmenspolitik. Außerdem kontrolliert er die wesentlichen Abläufe des Unternehmens. Er bespricht die Interessen der Aktionäre, beäugt einige Dinge kritisch und versucht so, das Unternehmen auf den richtigen Weg zu bringen. Wegen rechtlicher Grundlagen behalten die Fondsgesellschaften die Stimmrechte der in den ETFs enthaltenen Aktien und oft üben sie diese auch aus.

Einige ETF-Fondsgesellschaften haben in den letzten Jahren keinen guten Eindruck hinterlassen. Oft sollen sie die Anträge der Vorstände ohne Kommentar durchgelassen haben, damit die Stimmrechte verfallen. Natürlich ist das nicht immer der Fall, denn einige Fondsgesellschaften nehmen sehr wohl Einfluss, um die Interessen der Anleger zu vertreten. In den letzten Jahren haben sich vermehrt Fondsgesellschaften gemeldet, um zu versichern, dass sie auf den Aktionärsversammlungen das Stimmrecht für die Kunden wahrnehmen.

KÖNNEN ETFS ZU SEHR VERLOCKEN?

ETFs sind besonders für Anfänger eine sehr gute Möglichkeit, in den ganzen Markt einzusteigen. ETFs lassen sich sehr gut verhandeln und haben nicht sehr hohe laufende Kosten. Die guten Konditionen verleiten viele Anleger jedoch dazu, ein hohes Risiko einzugehen und nebenbei zu zocken. Je geringer die jährlichen Kosten sind, desto mehr wollen sie das

Anlageinstrument des aktiven Verhandelns nutzen. Doch genau deswegen verlieren ETFs ihren großen Vorteil. Auf Dauer sind ETFs sehr günstig und sogar oft besser als viele Investmentfonds. Doch eigentlich sind ETFs dazu da, um passiv zu investieren. Sie sind perfekt, um als passives Anlageinstrument erfolgreich zu dienen. Jedoch halten auch sie nicht allen Börsenproblemen stand, denn Sie selbst sind für das Anlageprodukt verantwortlich. Sie selbst tragen die Verantwortung und sind für den richtigen Umgang mit dem Produkt zuständig. ETFs sind gut und besonders für Anfänger ein geeignetes Produkt, jedoch nur so lange, bis sie anfangen, mit ihnen zu zocken. Denn dann werden ihnen die Vorteile, die ETFs mit sich bringen, nicht viel nützen.

ETFS VERZERREN MIT NUTZLOSEN AKTIEN DEN MARKT

Eine Aktie ist gestiegen, schuld daran sind die ETFs. Leider tauchen bei dieser Aussage ein paar Ungereimtheiten auf, denn weiß derjenige, der diese Aussage getroffen hat, dass es an der Börse nicht um die Vergangenheit, sondern um die Zukunft geht? Wenn in der Zukunft mehr Gewinn erwartet wird, dann steigt logischerweise auch der Aktienkurs an. Normalerweise sollten sich Anleger nicht für die Vergangenheit interessieren, wieso etwas passiert ist, sondern sich nur fragen, was die gekaufte Aktie in der Zukunft bringen wird. Außerdem: Wie soll ein kleiner Anteil an passiv angelegten ETFs eine der größten Aktien der Welt beeinflussen? Für viele Anleger erscheint es als die beste Möglichkeit, eine Aktie viel zu teuer zu verkaufen und Gewinne einzufahren. Oder kann der Markt es einfach nicht möglich machen? Wieso reagieren einige Anleger nicht auf diese Überbewertung und setzen auf fallende Kurse? Mit Leerverkäufen können sie das ohne Probleme machen. Wie können zudem Aktien trotz steigender ETF-Zuflüsse fallen, wenn ETFs doch eigentlich für steigende Kurse verantwortlich sind? Viele Anleger machen sich dieses komplizierte Thema zu eigen und interpretieren zu viele

Dinge hinein. Doch wieder andere machen sich dieses Thema viel zu einfach.

Wenn Sie nach einer kostengünstigen und relativ einfachen Methode suchen, sich ein kleines Vermögen aufzubauen, dann sollten Sie in ETFs investieren. ETFs sind eine sehr gute Möglichkeit, um das in die Realität umzusetzen, denn sie bilden die Wertentwicklung eines Index sehr genau ab. Mit einem ETF können Sie also mit wenigen Wertpapieren einen ganzen Markt abdecken. Viele hundert Aktien sind in diesem Index enthalten. Weltweit können Sie sich so ein diversifiziertes Portfolio aufbauen, um dadurch Ihr Risiko zu schmälern. Sie streuen also Ihr Kapital und können den Marktschwankungen besser standhalten.

Auf welche ETFs lässt man sich denn nun am besten ein? Fakt ist, dass Aktionäre ihr Geld nicht mit den Kursgewinnen verdienen, sondern auch mit den dazugehörigen Dividenden. Dividenden sind die ausgezahlten Erträge. Bei ETFs werden die Erträge einfach neu investiert oder die Gewinne gehen zurück an den Besitzer. Sollten Sie sich für eine neue Investition entscheiden, dann nennt man das thesaurierend. Wenn Sie ein kleines Vermögen aufbauen wollen, dann ist der thesaurierende ETF eine sehr gute Entscheidung. Wenn Sie sich nur nebenbei etwas dazu verdienen wollen, dann können Sie den ausschüttenden Fonds wählen. So bekommen Sie regelmäßig Geld ausgezahlt. Ihre Fonds müssen Sie bei diesem Vorgang nicht verkaufen.

Wenn Sie sich Ihr Geld ausschütten lassen, ist die Wertsteigerung logischerweise geringer als bei einem thesaurierenden Fonds. Ein ausschüttender DAX-ETF formt sich wie der Kurs-DAX, sodass er sogar schlechter ist als der normale DAX.

Fonds können auf verschiedene Art einen Index nachstellen. Im Normalfall kaufen sie einfach die Aktien, die im zugrunde liegenden Index enthalten sind. Wichtig ist, dass die Aktien im gleichen Verhältnis erworben werden. Die Aktien müssen die gleichen Anteile haben. Diesen Vorgang nennt man physische Replikation. Die physische Replikation ist übrigens auch die sicherste Variante aus Kundensicht.

Wenn in einem Index Aktien enthalten sind, die nicht häufig gehandelt werden, wenden viele Fonds einen ganz einfachen Trick an. Sie erwerben einfach andere Aktien und tauschen deren Erträge gegen die des Index aus. Diesen Vorgang nennt man Swap-Geschäft. Allerdings sollte Ihnen klar sein, dass bei einem Swap-Geschäft ein gewisses Kontrahentenrisiko entstehen kann. Wenn sich die Aktien im Fonds schlechter entwickeln, muss der Swap-Partner für den Ausgleich sorgen und die Differenz begleichen. Wenn er dazu nicht in der Lage ist, dann bleibt den ETF-Besitzern nur der geschmälerte Wert der Aktien zurück. Die synthetische Replikation ist in diesem Fall sicherer als ein Zertifikat, welches komplett wertlos werden kann, aber immer noch weniger sicher als eine physische Replikation.

Die perfekte Lösung wäre ein Sampling. Der Fonds kauft also nur die Aktien ein, die überwiegend für die Wertentwicklung zuständig sind. Der Unterschiedsbetrag wird auch hier wieder über die Swap-Geschäfte abgewickelt. Wenn Sie sich für das optimierte Sampling entscheiden sollten, dann werden nicht nur die wichtigsten Aktien gekauft, sondern es wird auch anhand einer statistischen Analyse geschaut, welches Portfolio den gesamten Index gut nachstellt.

SO FINDEN SIE DEN RICHTIGEN ETF

Wenn Sie den perfekten ETF suchen, dann müssen Sie sich zuerst über einen bestimmten Index Gedanken machen. Seien Sie sich im Klaren darüber, was Sie wollen. Wenn Sie noch relativ neu im Geschäft sind und Ihr Vermögen möglichst breit streuen wollen, sollten Sie sich erst einmal mit dem MSCI All Countries World Index beschäftigen. Besonders für die ersten Geschäfte an der Börse ist dieser Index eine sehr gute Wahl. In diesem Index sind Aktien aus 23 Industrie- und 23 Schwellenländern enthalten.

Natürlich müssen Sie sich als Anfänger nicht zwingend auf diesen Index beschränken. Auch können Sie gezielt auf den Erfolg gewisser Märkte setzen. Viele Anleger setzen auch auf die Entwicklungsländer, die an der Grenze zu einem Schwellenland stehen. Auch können Sie auf Länder setzen, die zwar ein beeindruckendes Wirtschaftswachstum vorweisen können, aber in denen dennoch viel Potenzial steckt. Ebenso können Sie ETFs auf bestimmte Branchen anwenden. Wenn Sie den für sich perfekten Index gefunden haben, brauchen Sie nur noch den passenden ETF. Bei der Auswahl des ETFs sollten Sie insbesondere auf die Gebühren achten.

SO FINDEN SIE DEN RICHTIGEN BROKER

Wie finden Sie den besten Broker? ETFs laufen eigentlich über alle Broker, sie sollten lediglich einen Zugang zu den deutschen Börsen haben. Natürlich können Sie Ihre Aktien auch über die Hausbank kaufen, jedoch sollten Sie bei Ihrer Hausbank auf die Konditionen achten, denn oft ist der Kauf von Wertpapieren mit sehr hohen Kosten verbunden. Ein guter Broker sollte jedoch eher geringe Gebühren anbieten. Manche Banken verzichten sogar komplett auf Kaufgebühren, wenn sie Sparpläne anbieten. Die jährlichen Verwaltungsgebühren sind jedoch auch sehr gering und liegen meist bei unter 0,1 Prozent. Wenn Sie nicht jeden Tag Aktien handeln wollen, dann lohnt sich ein Broker meist gar nicht.

Immer wieder hört man, dass Experten den MSCI World Index empfehlen. Dieser Index ist einfach eine Lösung für sämtliche ETF-Anleger. Doch ist eine Anlage auf den MSCI World Index wirklich so sinnvoll? Die Wirtschaft scheint heute sehr instabil. Die Kurse spielen verrückt und gehen ständig auf und ab. Vor allem in manchen Regionen und zu bestimmten Zeiten sind die Kursschwankungen extrem. Wenn man jedoch auf einen längeren Zeitraum blickt, dann gleichen sich diese Schwankungen wieder aus. Auch auf der internationalen Ebene ist und bleibt die Börse weitestgehend stabil und sicher. Wenn der Index in einer Nation einen Abwärtstrend verspürt, dann geht ein anderer Index meist bergauf.

Wenn diese Aussage stimmt, dann ist der Weltaktienindex doch in jedem Fall eine sichere Anlage, oder nicht? Eine Wertsteigerung, eine langfristige Anlage, eine regelmäßige Auszahlung und ein dadurch gesichertes Einkommen, das verspricht eine Investition in den MSCI World Index. Doch kann man den Experten trauen und auf diese Allzwecklösung zurückgreifen?

Was ist eigentlich der MSCI World Index? Dieser Index ist ein Weltaktienindex. Die größten Unternehmen der Industriestaaten sind in diesem Index enthalten. Gemessen werden diese Unternehmen an deren Börsenwert. Zum jetzigen Zeitpunkt sind es ungefähr 1.600 Aktien aus 23 Ländern. Im Allgemeinen gibt es den MSCI World Index schon seit 1970, die durchschnittliche Rendite hingegen erst seit 1975. Nach der damaligen Ölkrise ging es los. Dieser Index überstand sogar den schwarzen Montag, die Dotcom-Blase und die Finanzkrise im Jahr 2008. Der Index stellt die Weltwirtschaft sehr realistisch nach, allerdings musste er während dieser Krisen ordentlich einstecken. Er erholte sich aber auch schnell wieder, sodass er mittlerweile sehr stabil ist.

Ein ETF versucht, den Index so genau wie möglich abzubilden. Im Moment existieren 17 Indexfonds auf den MSCI World Index. Acht ETFs sind dabei thesaurierend, neun wurden mit einer Gewinnausschüttung an die Anleger ausgezahlt und zwölf sind physisch. Thesaurierend bedeutet, dass die Erträge aus Dividenden wieder neu angelegt werden, physisch bedeutet, dass die Aktien durch eine optimierte Auswahl ersetzt werden. Die letzten sechs ETFs sind replizierend, was bedeutet, dass Tauschgeschäfte mit einer Bank durchgeführt werden, die eine gleiche Wertentwicklung zusichert. Die iShares sind die mit Abstand größten ETFs des MSCI World.

Wie sehen die Risiken des MSCI World Index aus? Es kommt bei diesem Index immer darauf an, wie sich die Weltwirtschaft entwickelt. Wenn sich die Konjunktur im entsprechenden Land negativ entwickelt, so wird auch der ETF negativ beeinflusst, der ETF ist nämlich an das globale Kursbarometer angeschlossen. Der MSCI World Index hat sich jedoch immer wieder von starken Krisen erholen können. Auch nach sehr starken Schwankungen konnte er immer wieder konstant steigen. Wenn man nun also einen längeren Zeitraum betrachten würde, dann hätte man als Anleger in jedem Fall Erträge erzielt.

Das sind im Übrigen die zehn größten Unternehmen, die im MSCI World Index enthalten sind: Microsoft, Apple, Facebook, Amazon, Johnson & Johnson, Nestlé, Proctor & Gamble, Alphabet (Google), Visa und JP Morgan Chase.

Bei diesen großen Unternehmen kommt es schon einmal vor, dass es den einen oder anderen Skandal gibt, sodass die Kurse extrem ins Schwanken geraten. Oft beeinflussen diese Gerüchte und Skandale den Kurs negativ, sodass er stark abfällt. Für den Fall, dass dies passieren sollte, wollen wir Ihnen die Diversifikation etwas näherbringen. Ein auf dem MSCI World basierender ETF ist also sehr breit gefächert. Wenn der Kurs eines Unternehmens einmal fallen sollte, dann dürfte das auf Ihren ETF keinerlei Auswirkungen haben. Außerdem kann man darauf hoffen, dass die sehr großen Unternehmen alles dafür tun würden, dass diese negativen Schlagzeilen wieder verschwinden, und somit dafür sorgen, den negativen Kurs so schnell wie möglich wieder auszugleichen. Die Größe des Unternehmens spielt in diesem Fall schon eine sehr große Rolle. Die Zusammenstellung des Index wird vierteljährlich angepasst.

In welcher Währung werden die MSCI World ETFs gehandelt? Die meisten ETFs im MSCI World werden in US-Dollar getraded, allerdings gibt es die ETFs auch in Euro. Wenn man sich den Wert etwas genauer anschaut, dann liegt der Index in Euro und in US-Dollar ungefähr gleich. Sollten Sie einen ETF in US-Dollar handeln, müssen Sie ständig auf die Wechselkurse und die jeweiligen Gebühren achten. Diese Gebühren müssen Sie dann von Ihrer eigentlichen Rendite abziehen. Wenn Sie jedoch in Euro handeln, dann ersparen Sie sich die umständlichen Wechselkurse und können eventuell sogar mehr Gewinne erzielen. Es kommt dabei stets auf die Wechselkursstrategie an, da es manchmal auch sinnvoll sein kann, ETFs in einer Fremdwährung zu kaufen.

Wenn Sie an der Börse handeln, sollten Sie zudem stets die unterschiedlichen Zeiten der Länder beachten. Beim MSCI World Index müssen Sie jedoch nicht darauf achten, da dieser Index Länder verschiedener Zeitzonen beinhaltet, sodass der Kurs zu jeder Uhrzeit neu berechnet wird. Beim DAX hingegen wird der Tag mit einem bestimmten Preis beendet, denn dann ist Börsenschluss.

Macht ein MSCI World ETF Sinn? Natürlich kann kein Aktienmarkt Ihnen eine bestimmte Sicherheit geben, doch tatsächlich kann sich ein ETF im MSCI World Index lohnen. Der Index macht es möglich, dass Sie Teilhaber der Weltwirtschaft sind, die sich ohnehin aktuell auf einem aufsteigenden Pfad befindet. Der MSCI World Index beinhaltet derzeit nur Aktien aus Industrieländern, allerdings könnte man das eigene ETF-Portfolio mit einigen Fonds der Schwellenländer auffüllen. Seien Sie sich jedoch darüber bewusst, dass der MSCI World Index zu über 62 Prozent aus amerikanischen Unternehmen besteht. Wussten Sie zudem, dass die USA zurzeit den größten Aktienmarkt auf der Welt besitzt? Dementsprechend ist auch der Anteil am Weltindex größer. Auch Deutschland ist ein Industrieland und somit im MSCI World Index enthalten. Der Weltaktienindex ist auch bezüglich der Branchen sehr weit aufgestellt. Aus diesem Grund ist dieser Index ein sicherer Baustein. Auch sollten die sehr rentablen Erträge nicht außer Acht gelassen werden, denn diesbezüglich macht ein MSCI World ETF auch eine sehr gute Figur.

Schluss

Wir hoffen, wir konnten Ihnen mit diesem Ratgeber das Thema ETF ein wenig näherbringen. Seit dem Jahr 2000 können Anleger in Deutschland ihr Kapital in ETFs investieren und sich so ein kleines Vermögen aufbauen. ETFs wurden in den letzten Jahren immer beliebter. Durch den Ratgeber konnten wir Ihnen hoffentlich vermitteln, wieso dieses Finanzprodukt bei vielen Anlegern so beliebt ist. ETFs sind Fonds, die auf Dauer über die Börse gehandelt und nicht über eine Fondsgesellschaft abgewickelt werden. ETFs sind sehr flexibel, denn sie können sich auf mehrere Anlageklassen beziehen – Aktien, Rohstoffe, Währungen, Sachwerte oder Immobilien.

Diese Anlageart ist sehr kosteneffizient, denn für alle Anleger fallen nur sehr geringe Verwaltungsgebühren an. Während aktive Investmentfonds versuchen, den Markt zu schlagen, verlaufen ETFs nur parallel, denn sie bilden die Wertentwicklung des ihnen zugrunde liegenden Index ab. Sie versuchen also nicht, den Markt zu besiegen, sondern sie folgen ihm nur. Auch die Liquidität macht ETFs so beliebt, denn sie können zu Börsenzeiten zu jeder Zeit gekauft und verkauft werden. Die Anlageart ist bei Experten so verhasst und bei Anlegern so beliebt. Dabei sind sie total einfach aufgebaut und transparent. Im Ratgeber sind wir auf viele Mythen eingegangen und haben versucht, sie verständlich zu erklären, sodass wir Ihnen ein wenig Licht im dunklen Universum der ETFs schenken konnten. Für Einsteiger sind ETFs einfach die beste Wahl. Die geringen Verwaltungsgebühren, das einfache Handling und die vielfältigen Gestaltungsmöglichkeiten machen ETFs zu einem einfach zu lenkenden Anlageinstrument.

Natürlich gibt es auch diverse Nachteile, aber wenn man diese Anlageart auf Dauer ausführen möchte, steht dem Aufbau eines kleinen Vermögens nichts mehr im Wege.

Quellenverzeichnis

https://www.verbraucherzentrale.de/wissen/geld-versicherungen/sparen-und-anlegen/worauf-sollte-man-beim-kauf-eines-etf-achten-kriterien-fuer-die-auswahl-16605

https://www.finanzen.net/ratgeber/wertpapiere/etf-kaufen

https://www.boerse.de/boersenlexikon/ETF-Exchange-Traded-Funds-

https://boersenlexikon.faz.net/definition/etf/

https://www.handelsblatt.com/finanzen/anlagestrategie/fonds-etf/ratgeber-etf-teil-1-das-sind-die-vor-und-nachteile-von-index-fonds/23085890.html?ticket=ST-12791266-NCgeYFdtAsxdtqxRzbtD-ap3

https://www.financescout24.de/wissen/ratgeber/sparplan

http://www.vorsorge.net/vermoegensbildung/

https://www.finanztip.de/indexfonds-etf/

Wir danken Ihnen für Ihr Interesse und Ihr Vertrauen. Als Dankeschön dafür, haben wir eine besondere Überraschung. Wir haben einen **ultimativen Leitfaden für Einsteiger ins Aktien- und Börsengeschäft** für Sie. Und dieses erhalten Sie vollkommen kostenlos. Das klingt wunderbar? Dann warten Sie nicht lange und holen Sie sich Ihr Gratis-Geschenk.

Hier geht es zu Ihrem Gratis-Geschenk:

https://forms.gle/gduy3doWN5ejuaub9

1. **Öffnen Sie die Kamera-App auf Ihrem Smartphone und richten Sie die Kamera auf den QR-Code.**
2. **Klicken Sie auf den Link, der Ihnen angezeigt wird und schon werden Sie zur Website weitergeleitet.**

Impressum

Herausgeber: Pegoa Global Media GmbH / Am Sandtorkai 27 / 20457 Hamburg
Kontakt: kontakt@pegoamedia.de
Coverbild: Shutterstock

Haftungsausschluss:
Die Nutzung dieses Buches und die Umsetzung der enthaltenen Informationen, Anleitungen und Strategien erfolgt auf eigenes Risiko. Der Autor kann für etwaige Schäden jeglicher Art aus keinem Rechtsgrund eine Haftung übernehmen. Haftungsansprüche gegen den Autor für Schäden materieller oder ideeller Art, die durch die Nutzung oder Nichtnutzung der Informationen bzw. durch die Nutzung fehlerhafter und/oder unvollständiger Informationen verursacht wurden, sind grundsätzlich ausgeschlossen. Rechts- und Schadenersatzansprüche sind daher ausgeschlossen. Dieses Werk wurde sorgfältig erarbeitet und niedergeschrieben. Der Autor übernimmt jedoch keinerlei Gewähr für die Aktualität, Vollständigkeit und Qualität der Informationen. Druckfehler und Falschinformationen können nicht vollständig ausgeschlossen werden. Es kann keine juristische Verantwortung sowie Haftung in irgendeiner Form für fehlerhafte Angaben vom Autor übernommen werden. Die bereitgestellten Analysen, Vorschläge, Ideen, Meinungen, Kommentare und Texte sind ausschließlich zur Information bestimmt und können ein individuelles Beratungsgespräch nicht ersetzen. Alle Informationen dieses Buches entsprechen dem Kenntnisstand zum Zeitpunkt des Verfassens dieses Buches. Eine Haftung für mittelbare und unmittelbare Folgen aus den Informationen dieses Buches ist somit ausgeschlossen.
Informieren Sie sich weitläufig aus unterschiedlichen Quellen und bedenken Sie, dass am Ende nur Sie für die Entscheidungen verantwortlich sind.

Urheberrecht:
Das Werk einschließlich aller Inhalte, wie Informationen, Strategien und Tipps ist urheberrechtlich geschützt. Alle Rechte vorbehalten. Nachdruck oder Reproduktion (auch auszugsweise) in irgendeiner Form (Druck, Fotokopie oder anderes Verfahren) sowie die Einspeicherung, Verarbeitung, Vervielfältigung und Verbreitung mithilfe elektronischer Systeme jeglicher Art, gesamt oder auszugsweise, ist ohne ausdrückliche schriftliche Genehmigung des Autors untersagt. Die Inhalte dürfen keinesfalls veröffentlicht werden. Bei Missachtung werden rechtliche Schritte eingeleitet.

Haftung für externe Links:
Unser Angebot enthält Links zu externen Websites Dritter, auf deren Inhalte wir keinen Einfluss haben. Deshalb können wir für diese fremden Inhalte auch keine Gewähr übernehmen. Für die Inhalte der verlinkten Seiten ist stets der jeweilige Anbieter oder Betreiber der Seiten verantwortlich. Die verlinkten Seiten wurden zum Zeitpunkt der Verlinkung auf mögliche Rechtsverstöße überprüft. Rechtswidrige Inhalte waren zum Zeit-punkt der Verlinkung nicht erkennbar.